Horst Schaub und Sybille Schaub
Tiere erleben und beobachten

Lehrer-Bücherei: Grundschule

Herausgegeben von
Reinhold Christiani und Klaus Metzger

Horst Schaub und Sybille Schaub

Tiere erleben und beobachten

•

Tiere in der Schule und in der Natur

•

Unterrichtsbeispiele und Ideenkiste

Die in diesem Werk angegebenen Internetadressen haben wir überprüft (Redaktionsschluss 11. Dezember 2003). Dennoch können wir nicht ausschließen, dass unter einer solchen Adresse inzwischen ein ganz anderer Inhalt angeboten wird. Deshalb empfehlen wir Ihnen dringend, die Adressen vor der Nutzung im Unterricht selbst noch einmal zu überprüfen.

 http://www.cornelsen.de

Gedruckt auf chlorfrei gebleichtem Papier
ohne Dioxinbelastung der Gewässer.

Bibliografische Information
Die Deutsche Bibliothek verzeichnet diese Publikation in der Deutschen Nationalbibliografie; detaillierte bibliografische Daten sind im Internet über http://dnb.ddb.de abrufbar.

Dieses Werk berücksichtigt die Regeln der reformierten Rechtschreibung und Zeichensetzung.

5. 4. 3. 2. 1.   Die letzten Ziffern bezeichnen
08 07 06 05 04   Zahl und Jahr der Auflage.

Redaktion: Gabriele Teubner-Nicolai, Berlin
Umschlagfoto: Peter Wirtz, Dormagen
Satz und Herstellung: Julia Walch, Bad Soden
Druck und Bindearbeiten: Clausen & Bosse, Leck
Printed in Germany
ISBN 3-589-05084-5
Bestellnummer 50845

Inhalt

Einleitung 7

1 **Beobachtung von Tieren im Jahresablauf: Die Stockente** 12
Unterrichtsziele 13
Sachinformationen 14
Vorschläge für den Unterricht 15
• Beobachtung der Stockente im Jahresablauf 15
• Ente und Erpel als Gesprächsanlass: Erlebnisse mit Stockenten 17
• Arbeit mit Fragen- und Informationskarten 17
Literatur und Material 26

2 **Verwandlungskünstler im Jahreslauf: Die Schmetterlinge** 28
Unterrichtsziele 28
Sachinformationen 29
Vorschläge für den Unterricht 33
• Erste Phase: Anlass, Perspektiven, Vorbereitung 33
• Vorbereitungen für die Hauptschmetterlingszeit 36
• Beobachtung von Schmetterlingen in der Schule 38
Weitere Ideen zu Schmetterlingen 41
Literatur 42

3 **Unmittelbare Erfahrungen mit Tieren: Tiere auf dem Bauernhof** 43
Das Konzept von Schulbauernhöfen 44
Unterrichtsziele 44
Sachinformationen zu ausgewählten Bauernhoftieren 45
Vorschläge für den Unterricht 49
• Vorbereitung des Bauernhofbesuchs 49
• Ablauf des Bauernhofbesuchs 50
• Nachbereitung 57
Weitere Ideen zum Thema 57
Materialvorschläge 57
Literatur und Material 61

4 Beobachtungen und Versuche mit lebenden Tieren: Die Schnecke   62

Unterrichtsziele   63
Sachinformationen   64
Vorschläge für den Unterricht   70
• Mögliche Einstiege   70
• Vor- oder Nachbereitung eines Erkundungsgangs:
  Verschiedene Schneckenarten und ihre Gehäuse   71
• Vorbereitung des Beobachtens und Experimentierens
  im Klassenraum   73
Weitere Ideen zu Schnecken   85
Literatur   86

5 Tiere der Erde: Tiere der Savanne in ihrem natürlichen Lebensraum
   und im Zoo   87

Unterrichtsziele   88
Vorschläge für den Unterricht   88
• Tiere der Erde auf verschiedenen Erdteilen   89
• Tiere der Savanne in Afrika   93
• Begegnung mit Tieren der Savanne im Zoo   98
Literatur und Material   104

6 Ideenkiste Frühling bis Winter   105

Frühling – Nistplätze für Insekten   105
Sommer – Stechmücken und Wespen im Vergleich   106
Herbst und Winter – Überwinterung   108

Literatur: Nachschlagewerke, Fachliteratur   111
Bildnachweis   112

Einleitung

Das Verhältnis des Menschen zur Natur und zur Tierwelt wird entscheidend in der Kindheit durch Sozialisation und Lernmöglichkeiten in Familie, Kindergarten und Grundschule geprägt.

Wer von früher Kindheit an mit Haustieren aufgewachsen ist, der hat durch den unmittelbaren Kontakt mit ihnen sein Bedürfnis, Tiere zu lieben, durch Streicheln, Umsorgen, Pflegen und Spielen ein Stück weit ausleben können. Der Umgang des Kindes mit einer Katze oder einem Hund hat es aber nicht nur die Zuwendung eines Tieres spüren lassen, sondern auch die Erfahrung vermittelt, dass solche Haustiere angeborene artspezifische Eigenwilligkeiten und Verhaltensweisen zeigen, die man kennen muss, um Tiere und die Grenzen ihrer Zuwendungsbereitschaft zu verstehen. Zu solchen Erfahrungen gehört auch, dass Tiere in gewissen Grenzen zwar mal gerne spielen oder sich drücken und hochheben lassen, aber kein Ersatz für fehlende Spielgefährten und soziale Kontakte mit anderen Kindern sind. Dies gilt auch für Meerschweinchen, Kaninchen und Goldhamster in der Wohnung. Über die Freude über solche Tiere als Weihnachts- oder Geburtstagsgeschenk hinaus macht ihre Haltung im Haushalt ebenso wie die von Fischen im Aquarium und Vögeln im Käfig nach kurzer Zeit bewusst, dass Haustiere versorgt, gepflegt, tierärztlich betreut und artgerecht gehalten werden müssen und das Familienleben abhängig machen. Die Bindung an ein Tier, die Verantwortlichkeit für sein Wohlbefinden, der Schmerz über den Tod eines geliebten Tieres sind Erfahrungen des Kindes, die für seine Persönlichkeitsentwicklung von großer Bedeutung sind.

Viele Stadtkinder, die nicht mit eigenen Haustieren zusammengelebt haben oder leben konnten, verfügen über wenige Erfahrungen im Umgang mit lebenden Tieren. Sie haben ihre Liebe zu Tieren bisher häufig durch Kuscheln, Drücken und Umsorgen ihrer Plüschtiere kompensiert. Nachdem sie sich vielleicht immer wieder ein lebendiges Tier gewünscht haben, müssen sie dann oft die enttäuschende Erfahrung machen, dass lebende Haustiere eigenständige und ganz andere Wesen sind als ihre willenlosen Plüschtiere. Oft gehen solche Enttäuschungen einher mit der Entwicklung von Angst vor Hunden und Katzen, nur weil sie deren Körpersprache nicht verstehen und sich wundern, dass der Hund knurrt oder die Katze kratzt und die Tiere nichts mit ihnen zu tun haben wollen. Manchmal entwickeln

sich aus solchen negativen Erfahrungen Abneigungen und Verhaltensweisen gegenüber schwächeren Haustieren, die als Tierquälerei bezeichnet
werden können. Viele Lehrerinnen und Lehrer haben diese Probleme von
Kindern erkannt und aus kompensatorischen und manchmal auch schon
aus therapeutischen Gründen für die Haltung von geeigneten Kleinsäugern
in ihrer Klasse gesorgt. Zu solchen Tieren gehören Meerschweinchen,
Zwergkaninchen, Goldhamster, Mäuse verschiedener Art und Ratten. Eine
Übersicht zu besonderen Merkmalen, Eigenschaften, Bedürfnissen und
Kosten dieser Tiere geben GEBAUER/SCHRENK (2001, S. 13). Über solche
pädagogischen Zwecke hinaus dient aber die Tierhaltung in der Schule in
erster Linie dazu, Primärerfahrungen mit der Haltung, Pflege und Beobachtung von lebenden Tieren und dem kindgemäßen Erwerb von Wissen und
Kompetenzen darüber zu ermöglichen.

Grundschulkinder sind anscheinend generell fasziniert von Tieren und
haben deshalb auch ein großes Interesse an entsprechenden Themen in der
Schule. Ihre Erfahrungen, die sie im Umgang mit Tieren bisher gemacht haben, sind jedoch so vielfältig und verschieden, dass im Unterricht von unterschiedlichen Lernvoraussetzungen und Einstellungen ausgegangen
werden muss. Es ist deshalb wichtig, die Erfahrungen der Kinder und ihr
Wissen über bestimmte Tierarten aufzugreifen, vielleicht neu zu ordnen, zu
vertiefen, zu systematisieren und vor allem ein weiterführendes Interesse
an der Großartigkeit des realen Tierlebens bei ihnen zu entwickeln. Dabei
sollte individuell differenziertes Lernen in gemeinsames Lernen integriert
werden, weil dieses für nicht so weit entwickelte Kinder eher förderlich ist
und hilft, dass alle Schülerinnen und Schüler die verbindlichen Aufgaben
und Ziele des Unterrichts auch erreichen.

Über den Umgang mit Tieren und die Tierhaltung in der Schule hinaus,
sollten Kinder die Möglichkeit haben, auch frei lebenden Tieren in der Natur, Nutztieren auf dem Bauernhof und Tieren der Savanne im Zoo begegnen zu können. Eine solche originale Begegnung regt an, Fragen zu stellen,
Erfahrungen zu machen, Beobachtungsmethoden anzuwenden und Wissen zu erwerben. Dies ist wichtig, damit Wissen über Tiere nicht nur aus
Büchern oder Filmen entnommen, sondern auch im emotionalen Zusammenhang realistischer Tierbegegnungen erarbeitet wird. Die Informations-
entnahme aus Büchern und Filmen ist damit nicht ausgeschlossen. Auch
wenn das Beobachten frei lebender Tiere in ihrem natürlichen Lebensraum
im Schulalltag aus organisatorischen Gründen nicht einfach ist, sollten not-
wendige Erkundungen in der Grundschule doch noch möglich sein. Gemeinsame Erfahrungen mit Beobachtungs- und Dokumentationsmöglich-
keiten vor Ort sind eine wichtige Voraussetzung für die Entwicklung von

Fähigkeiten und Interessen an selbstständigen Erkundungen in Lebensräumen von Tieren. Dies dient auch der schrittweisen Einführung in wissenschaftsorientierte Arbeitsmethoden.

An ausgewählten Beispielen wollen wir Möglichkeiten für konkrete Begegnungen von Kindern mit lebenden Tieren in der Natur, in der Schule, auf dem Schulbauernhof und im Zoo zeigen. Den Vorschlägen liegen unsere eigenen Unterrichtserfahrungen zugrunde. In den einzelnen Kapiteln spielen die folgenden Schwerpunkte eine Rolle:

1. Kapitel: Beobachtung von Tieren im Jahresablauf:
Die Stockente

Die Stockente ist ein Beispiel für das Leben von Wildtieren in städtischen Lebensräumen; Kinder kennen sie meist schon von der frühen Kindheit an. Bei dieser Tierart sind Aussehen und Verhalten in starkem Maße vom jahreszeitlichen Lebensrhythmus bestimmt. Deshalb ist es bei Stockenten besonders interessant, ihre Entwicklung im Jahresablauf mehrfach zu erleben, zu beobachten, zu dokumentieren und zu vergleichen.

Für die praktische Umsetzung in der Schule werden Frage- und Informationskarten zu den Bereichen „Aussehen", „Lebensraum und Nahrung", „Paarung und Aufzucht", „Weibchen und Männchen", „Mensch und Tier" sowie Vorlagen zum Zeichnen von Enten als Kopiervorlage angeboten.

Die Fragen auf den Fragenkarten sind so angelegt, dass sie auch auf die Erarbeitung jeder anderen Tierart angewendet werden können, sie haben also exemplarischen Charakter. Zu den Bereichen, Fragen- und Antwortkarten kann zu jeder anderen Tierart Material hergestellt werden (vgl. „Das Schwein", S. 60).

2. Kapitel: Verwandlungskünstler im Jahreslauf:
Die Schmetterlinge

Kinder sind von der Farbenpracht und der Schönheit bunter Schmetterlinge immer wieder fasziniert. Schmetterlinge sind ein Beispiel für die Tierklasse der Insekten und die vollkommene Verwandlung von ein bis zwei Generationen im Jahr. Schwerpunkt bei der Begegnung mit dieser Tierart ist das Beobachten des Lebensrhythmus vom Ei über die Raupe und die Puppe zum Falter. Die Beobachtungen finden sowohl an der Brennnessel draußen wie im Klassenraum statt. Zu dieser Entwicklung vom Ei über Raupe, Puppe bis zum fertigen prachtvollen Falter werden Kopiervorlagen mit Bildern und Texten angeboten. Für die eigene Beobachtung von Schmetterlingen in der Schule werden Hinweise für die Aufzucht im Klassenraum gegeben.

3. Kapitel: Unmittelbare Erfahrungen mit Tieren:
Tiere auf dem Bauernhof

Obwohl fast alle Kinder die Namen von Bauernhoftieren kennen, haben nur die wenigsten von ihnen bisher konkrete Erfahrungen mit ihnen gemacht. Während in früheren Zeiten die originale Begegnung mit landwirtschaftlichen Nutztieren auf Bauernhöfen kein Problem war, führt die Spezialisierung und Technisierung der modernen Landwirtschaft dazu, dass vor allem Stadtkinder nur noch selten Kühen, Schweinen und Hühnern begegnen. Neben Ferien auf dem Bauernhof bieten heute vor allem Schulbauernhöfe eine kompensatorische Möglichkeit, Bauernhoftiere zu erleben und den Umgang mit ihnen zu erfahren.

Diesem Kapitel liegt ein konkreter Bauernhofaufenthalt einer Grundschulklasse zugrunde. Nach Informationen zum Konzept von Schulbauernhöfen werden Sachinformationen zu den Kategorien „Aussehen", „Fortbewegung", „Fortpflanzung", „Nahrung", „Haltung" und „Nutzen für den Menschen" zu vier Bauernhoftieren gegeben. Anschließend werden Beobachtungskarten zu den vier Tieren und Informationen für die Lehrkraft zu den Beobachtungsmöglichkeiten angeboten. Für die Vor- und Nachbereitung des Aufenthaltes auf dem Schulbauernhof werden drei verschiedene Lernmaterialien zum selbstständigen Erarbeiten von Tieren vorgestellt.

4. Kapitel: Beobachtungen und Versuche mit lebenden Tieren:
Die Schnecke

Unter den Kleintieren sind es vor allem Schnecken verschiedenster Art, die Kindern in ihrer Umgebung begegnen. Diese bewundernswürdigen Tiere haben aber wegen negativer Äußerungen vieler Gartenliebhaber über diese Tierart auch bei Kindern schon ein negatives Image. Hinzu kommt, dass das schleimbesetzte Äußere dieser Weichtiere für manche Kinder schon „ekelig" ist. Auf der anderen Seite bringen junge „Tierforscher" unter den Kindern oft gläserweise vor allem Schnirkelschnecken mit in den Unterricht. Da Land-Gehäuseschnecken wie kaum eine andere Tierart für eine Langzeitbeobachtung im Klassenzimmer geeignet ist, können Weinbergschnecken, Hain-Bänderschnecken oder Garten-Bänderschnecken für etwa zwei Wochen in die Klasse geholt werden.

Nach ausführlichen Sachinformationen über Schnecken folgen Vorschläge für den Unterricht, die sich zunächst auf die Vor- und Nachbereitung eines Erkundungsganges beziehen, dessen Ziel die Sammlung leerer Schneckengehäuse für die erste Phase des Unterrichts ist. Der zweite Abschnitt gilt dann der Vorbereitung auf das Beobachten und Experimentieren im Klassenraum (Terrarium einrichten, Verhaltensregeln absprechen).

Im Mittelpunkt des dritten Abschnittes stehen schließlich Beobachtungen und Versuche mit lebenden Schnecken. Hierzu werden Aufgabenkarten und Informationskarten als Kopiervorlagen angeboten. Mit einer Ideenkiste „Schnecken" und mit Literaturhinweisen schließt das Kapitel ab.

5. Kapitel: Tiere der Erde:
Tiere der Savanne in ihrem natürlichen Lebensraum und im Zoo

Viele Wildtiere der Savanne üben auf Schülerinnen und Schüler eine besondere Faszination aus. Löwen, Geparde, Elefanten, Giraffen, Zebras oder Antilopen sind ihnen häufig aus Fernsehsendungen oder Büchern bekannt. Eine originale Begegnung mit diesen interessanten Tieren kann aber nur im Zoo stattfinden. Dort leben die Raubtiere und die Beutetiere getrennt und nicht wie unter den Lebensverhältnissen in der Savanne.

Das Kapitel bietet im ersten Abschnitt zur Vorbereitung auf einen Zoobesuch oder zur allgemeinen Thematisierung der Tiere in freier Wildbahn auf anderen Kontinenten der Erde einen Überblick mit Hilfe von Tiermodellen und Texten an.

Danach wird die Komplexität der Tiere auf dieser Erde reduziert auf den Erdteil Afrika und speziell auf den Schwerpunkt „Tiere der Savanne". Im zweiten Abschnitt werden dann die Raub- und Beutetiere in den Mittelpunkt der Erarbeitung gestellt, die in der Regel auch in Zoologischen Gärten präsent sind. Im Zentrum stehen Vorschläge für die Erarbeitung des Lebensraumes „Savanne" und Muster von Steckbriefen zu den Tieren Zebra, Löwe, Elefant, Giraffe, Antilope und Gepard.

Im dritten Abschnitt ist dann die originale Begegnung mit Tieren der Savanne im Zoo Gegenstand des Unterrichts. Dazu werden Möglichkeiten zur Vorbereitung und Durchführung eines Zoobesuchs und für Beobachtungen von lebenden Tieren der Savanne im Zoo angeboten. Als Hilfe hierfür gibt es Beobachtungskarten als Kopiervorlage zu den oben genannten Wildtieren. Den Abschluss bildet ein Vergleich zwischen dem Leben der Tiere in ihrem natürlichen Lebensraum und im Zoo, wie ihn eine Schulklasse am Ende dieser Unterrichtseinheit vorgenommen hat.

6. Kapitel: Ideenkiste Frühling bis Winter

In diesem Kapitel werden Hilfen zur Erstellung von Nisthilfen für Insekten im Frühling, Aufgaben und Informationen zu Stechmücken und Wespen im Sommer sowie Informationen zur Überwinterung verschiedener Tierarten gegeben.

1 Beobachtung von Tieren im Jahresablauf: Die Stockente

Die Stockente ist an unseren Gewässern eine der meistverbreiteten Wildtierarten. Sie ist ein typischer Kulturfolger geworden, der in den Großstädten sogar in unmittelbarer Nähe des Menschen brütet. Die Stockenten sind bis auf die Brutzeit das ganze Jahr hindurch an Teichen, Seen, Flüssen und Bächen zu beobachten. Obwohl sie sogar zu den jagdbaren Wildtierarten gehören, haben sie sich durch fehlende Verfolgung und durch häufige Fütterung an den Menschen gewöhnt. Stockenten fühlen sich in Ufernähe auf dem Wasser sicher und lassen sich von nahenden Menschen in ihrem natürlichen Verhalten nicht stören, ja sie schwimmen meist sogar heran, weil sie auf Futter hoffen. Für Stadtkinder sind Stockenten ebenso wie Schwäne, Gänse und Blässhühner oft die ersten Wildtiere, die sie ganz aus der Nähe angeschaut und erlebt haben. Deshalb ist die Thematisierung der Stockente im Unterricht ein geeignetes Beispiel für das Leben von Wildtieren in städtischen Lebensräumen.

Auf dem Hintergrund solcher Erfahrungen ist es wichtig, den Kindern bewusst zu machen, dass Stockenten ursprünglich vorwiegend in der freien Natur lebten, heute aber auch in Großstädten einen Lebensraum einnehmen, in dem sie sich zurechtfinden und anscheinend ihr Überleben durch ein ausreichendes Nahrungsangebot gesichert ist. Trotz dieser Verhaltensweisen müssen Kinder wissen, dass Stockenten in der Nähe des Menschen aber auch natürliche Rückzugsgebiete brauchen, in denen sie ungestört leben können. Kinder müssen deshalb lernen, auf Wildtiere, wie zum Beispiel die Stockente, Rücksicht zu nehmen, damit sie an der Seite des Menschen artgerecht existieren und sich entwickeln können.

Die Nähe zu Menschen ist für die Stockenten auch mit Gefahren verbunden. Menschliche Tierliebe führt mit der Verfütterung von Brot zu einer hohen Bestandsdichte der Tiere mit zunehmenden Krankheiten und zur unerwünschten Zunahme von Nährstoffen in Gewässern (Eutrophierung). Vor allem in Sommermonaten kann die Eutrophierung zum Umkippen der Gewässer durch Massenvermehrungen von Algen und Wasserpflanzen führen. Oft sieht das Gewässer dann wie ein „Pflanzenteppich" aus, in dem vielerlei Müll wie leere Flaschen, Getränkedosen und andere Plastikbehälter hängen oder herumschwimmen. Das Gewässer verliert dann mehr und mehr die Fähigkeit zur biologischen Selbstreinigung.

Am Beispiel der Stockente soll der heimische Lebensraum von Wildtieren in Städten thematisiert werden. Für die monografische Darstellung dieser ausgewählten Vogelart spricht, dass Stockenten exemplarisch für die Angepasstheit von Wirbeltieren an den städtischen Raum stehen, ihre Überwinterung nicht mehr durch den Vogelzug bestimmt wird und die Überfütterung durch den Menschen zu stadtökologischen Problemen führen kann. Die Zugänglichkeit der Stockenten in stadtnahen und städtischen Lebensräumen ermöglicht für die Kinder die originale Begegnung mit diesen Tieren und die unmittelbare Beobachtung ihres Aussehens und Verhaltens außerhalb der Schule vor Ort.

Unterrichtsziele

- Tiere, die vorwiegend auf dem Wasser von Teichen, Seen und Bächen leben, auf dem Ufer und im Wasser beobachten und kennen lernen; beobachtete Tiere unterscheiden und mit Namen benennen.
- Das Aussehen und das Verhalten der Stockente in ihrem Lebensraum beobachten (z. B. Federkleid von Ente und Erpel, natürliche Nahrung und Fressverhalten, Nestbau und Brutvorgang, Entenküken als Nestflüchter und ihre Aufzucht, Fortbewegungsarten von Enten, Mauser).
- Die Stockente als Wildtierart in städtischen Bereichen genauer kennen lernen und die städtischen Wohnbereiche des Menschen als Lebensraum für Enten in ihrer Eignung betrachten.
- Lebensbedingungen der Wildtiere in der freien Natur und im städtischen Lebensraum vergleichen.
- Ökologische Gefahren für Tiere und Gewässer durch Überfütterung durch den Menschen kennen lernen.
- Ein kleines Referat über einen Teilbereich des Themas schreiben und halten oder einen „Steckbrief" über die Stockente erstellen.
- Eine gemeinsame Dokumentation über die Erkundungen und Erarbeitungen in einem Büchlein und/oder in einer Ausstellung herstellen (Projekt).
- Einen „Jahreskreis" mit Bildern oder Fotos und Texten vom Jahresablauf im Leben der Stockenten herstellen.
- Artikel aus Zeitungen zum Beispiel zur Überfütterung der Wasservögel (Enten, Schwäne u. a.) und zum Umkippen der Gewässer im Sommer sammeln.

Sachinformationen

In der biologischen Einteilung und Systematik des Tierreichs nach Linné zählt die Stockente zu folgenden **Verwandtschaftsgruppen:**

1. *Stämme:* Die Stockente gehört zum Stamm der Wirbeltiere. Alle Wirbeltiere, auch Chordatiere genannt, haben eine Wirbelsäule aus Knochen.
2. *Klassen:* Die Stockente gehört unter den Wirbeltieren zur Klasse der Vögel (Aves). Allen Vögeln ist gemeinsam, dass ihre Körpertemperatur unabhängig von der Außentemperatur immer gleich warm ist und ihr Nachwuchs aus Eiern ausgebrütet wird, die von den Weibchen gelegt werden.
3. *Ordnungen:* Die Stockente gehört unter den Vögeln zur Ordnung der Schwimm- und Entenvögel (Anseriformes).
4. *Familien:* Die Stockente gehört unter den Schwimm- und Entenvögeln zur Familie der Entenvögel (Anatidae), deren Merkmal die Schwimmhäute zwischen den drei Zehen sind.
5. *Gattung:* Die Stockente gehört zur Gattung der Schwimmenten (Anas).
6. *Art:* Die Stockente gehört unter der Gattung der Schwimmenten zur Art der Gründelente (Anas platyrhynchos), deren eigenständiges Merkmal bei der Nahrungssuche das Gründeln („Köpfchen in das Wasser, Schwänzchen in die Höhe") ist.

Für die sach- und verhaltensorientierte Information über die Stockente und die daraus resultierenden Vorschläge für den Unterricht ist der Jahresablauf dieser Tierart richtungweisend. Die Entenpaare, Enten und Erpel, finden sich nach der Mauser bereits im Herbst und bleiben den ganzen Winter über zusammen. Vor allem der männliche Erpel verfügt in der Winterzeit schon über sein schönstes Federkleid für die Balz (Werbung) um sein Weibchen. Etwa im Februar paaren sich Männchen und Weibchen und bleiben bis zum Brüten des Weibchens zusammen. März bis Mai ist die Zeit des Nestbaus und der Eiablage. Das Weibchen brütet alleine etwa einen Monat lang und zieht ungefähr im Juni seine Jungen auf. Während das Weibchen dann mit den Jungen im Geleitzug durch das Gewässer zieht, gesellt sich der Erpel ab und zu noch einmal beschützend zu seiner Familie. Ansonsten zieht er sich schon zur Mauser zurück und schließt sich mit den anderen Erpeln zusammen. Mit der Mauser ist der Wechsel des Federkleides verbunden. Der Erpel trägt dann nur noch ein Schlichtkleid. Nach der Jungenaufzucht geht auch das Weibchen etwa im Juli und August in die Mauser. Männchen und Weibchen sind in der Zeit der Mauser flugunfähig und ziehen sich deshalb gerne in schützende Bereiche zurück. Äußerlich sehen sie dann fast gleich aus. Nach der Mauser beginnt im Herbst wieder das neue Suchen und Sichfinden der Entenpaare.

Weitere konkretisierende Sachinformationen sind in die Vorschläge für den Unterricht integriert.

Vorschläge für den Unterricht
Beobachtung der Stockente im Jahresablauf

Aus den Sachinformationen über die Stockente ergibt sich, dass für das Miterleben und Erarbeiten ihres Jahresablaufs am Entengewässer einige Beobachtungs- und Erarbeitungsphasen jahreszeitlich eingeplant werden. Dabei sind die regional unterschiedlichen Klimabedingungen zu beachten, so dass die Lehrkraft die günstigen Monate für die Beobachtungen in ihrer Region selbst genauer feststellen muss. Folgende Phasen für Erkundungsgänge am Gewässer sind im Allgemeinen zu empfehlen:

Dezember/Januar oder Februar/März
Für die Erkundung und Beobachtung der Stockente am Gewässer sind die Jahreszeiten besonders geeignet, in denen die Ente ihr „Brutkleid" und der Erpel sein „Prachtkleid" nach der Mauser in der Balzzeit zwischen September und dem Frühjahr wieder trägt. Gerade im Dezember und Januar, wenn die Gewässer fast zugefroren sind und die Enten sich auf dem Eis versammelt haben, sind sie gut zu beobachten, zu fotografieren und zu beschreiben. Wenn sie dann in der Hoffnung auf Futter nahe an die Kinder herankommen, fressen sie auch aus der Hand und lassen ihr Gefieder manchmal befühlen. Hungrige Enten können aber auch frech werden.

Der erste Erkundungsgang ist also spätestens Ende des Winters im Februar oder März notwendig, um die Federpracht vor allem des Erpels zu sehen und das Paarungs- und Balzverhalten zu beobachten. Das Balzverhalten des Erpels ist dann im Abklingen begriffen, das Entenpaar sondert sich ab und sucht sich einen geeigneten Nistplatz.

April/Mai
Nach einer ersten gemeinsamen Erkundung und Beobachtung kann im weiteren Jahresverlauf wiederholt mit der ganzen Klasse oder im Rahmen von Hausaufgaben auf privaten Erkundungsgängen mit den Eltern beobachtet, fotografiert, gezeichnet und beschrieben werden.

Die nächste Beobachtung etwa in der Zeit März bis Mai kann sich auf die Suche des Entenpaares nach Nistplätzen außerhalb des Gewässers richten, die in städtischen Bereichen durch schnelle Flüge der Entenpaare auffallen.

Manchmal ist dabei zu entdecken, wo diese Enten ihren Nistplatz finden und anlegen. Brütende Weibchen sollten nicht gestört werden, da die Gefahr besteht, dass sie das Gelege verlassen und nicht wiederkommen. Bei Dauerbeobachtungen an den Gewässern fällt in dieser Zeit auf, dass die Weibchen fehlen, weil sie im verborgenen Nest brüten.

Mai/Juni/Juli

Eine weitere Erkundung am Entengewässer kann sich etwa Mai, Juni, Juli auf die jungen Küken richten, die bald nach dem Schlüpfen mit ihrer Mutter – oft unter großen Gefahren über Straßen – zum Gewässer eilen und eine Zeit lang mit ihr schwimmen, von ihr aufgezogen und vor Feinden geschützt werden. Nach acht Wochen sind die Jungenten flügge, sie können fliegen und verlassen ihre Mutter.

August/September

Eine interessante Beobachtungsphase ist danach die Zeit der Mauser, wenn beide, Ente und Erpel, ihr Schlichtkleid tragen und fast gleich aussehen.

Wichtig ist es, am Beispiel der Stockente den Jahresverlauf eines Wildtieres im städtischen Bereich mit seinen Veränderungen zu dokumentieren. Dies kann – dem jahreszeitlichen Rhythmus in der Natur entsprechend – am besten durch einen Jahreskreis veranschaulicht werden (vgl. HORST SCHAUB 2002, S. 37–61; SYBILLE SCHAUB 1998, S. 8–15; Sachunterricht Grundschule, Material 12/2001, zwischen S. 12 und 13).

Da die Langzeitbeobachtung der Enten am außerschulischen Lernort des Gewässers stattfindet, sollte sich die Lehrkraft rechtzeitig über schulnahe Teiche, Bäche oder Seen informieren, auf denen Enten leben. Wenn den Eltern das Projekt informativ vorgestellt wird, ist sicher mit ihrer Hilfe bei den Erkundungsgängen zu rechnen.

Ente und Erpel im schönsten Federkleid

Ente und Erpel als Gesprächsanlass: Erlebnisse mit Stockenten

Als Einstieg kann ein großformatiges Foto eines Entenpaares oder das Stopfpräparat einer Stockente dienen, um mit den Kindern ein Gespräch über ihre bisherigen Erlebnisse mit Stockenten und anderen Wildtierarten an Gewässern zu führen. Dabei sollten auch – wenn möglich – die Lebensräume der Stockente in der freien Natur und im städtischen Bereich genannt werden, in denen Kinder sie bisher angetroffen haben. Die Standorte können auf einem Stadt- oder Umgebungsplan durch Fähnchen markiert werden.

In unserem Unterricht berichteten einige Kinder folgende aufregende Erlebnisse:

„Im Frühling sieht man bei uns Entenpaare herumfliegen, die einen Nistplatz suchen. Am Teich im Garten unseres Nachbarn brütet fast jedes Jahr eine Entenmutter. Sie lässt sich beim Brüten gar nicht stören, weil sie weiß, dass unser Nachbar nur seine Gartenarbeit verrichtet und die Ente in Ruhe lässt."

„An unserem Rathaus sind einmal fast alle Entenküken in den Schacht eines Kellerfensters gefallen, da musste die Feuerwehr kommen und sie wieder rausholen."

„Als eine Entenmutter mit ihren neun Jungen – eines hinter dem anderen – auf dem Weg zum Kiessee über die Hauptverkehrsstraße wollte, musste der ganze Straßenverkehr eine Zeit lang anhalten, bis sie endlich auf der anderen Seite waren. Die Kleinen konnten ja noch nicht fliegen."

Als Einstieg kann auch ein zunächst offener Unterrichtsgang zu einem Gewässer mit Wildtieren dienen, von dem aus weitere Bearbeitungsschritte ausgehen können.

Arbeit mit Fragen- und Informationskarten

Die folgenden Texte für jeweils fünf „Fragenkarten" und „Informationskarten" dienen der Erkundung, Beobachtung, Dokumentation, Informationsbeschaffung und Auswertung für fünf Teilbereiche des Gesamtthemas. Die Texte sollen den Lehrerinnen und Lehrern Anregungen für die Erarbeitung und die Herstellung eigener Karten geben. Sie können durch sprachliche Vereinfachungen zum Beispiel für das 1. und 2. Schuljahr oder durch Ergänzungen für das 3. und 4. Schuljahr differenziert werden. Für die Bearbeitung im 1. und 2. Schuljahr sind die Karten zum Aussehen (Woran man Stockenten erkennt) und zur Nahrung (Wo und wie die Stockente lebt) zu empfehlen. Die Karten können auch durch geeignete Tierbücher, Materialien und Fachliteratur ersetzt oder erweitert werden.

Die Fragestellungen auf den Fragenkarten sind so angelegt, dass sie auch auf die Erarbeitung anderer Tierarten angewendet werden können.

Fragenkarte 1:
Aussehen – Woran man Stockenten erkennt

Wie sieht das Tier aus?
Wie unterscheidet sich das Männchen vom Weibchen?
Wie bewegt sich das Tier im Wasser, auf dem Land und in der Luft?
Wie nimmt das Tier wahr?
Welche Geräusche macht das Tier?
Wie reagiert das Tier auf dich und andere Menschen?
Wie fühlt sich das Tier an?

Informationskarten 1:
Aussehen – Woran man Stockenten erkennt

1.1 Wie sehen Stockenten aus?
Stockenten sind Vögel und haben Flügel. Ihr ganzer Körper ist mit Federn bedeckt. Sie haben einen flachen, breiten und harten Schnabel. Ihre kleinen Augen sind perlenförmig. Die beiden kurzen, kräftigen Füße sind mit Schuppen besetzt. Zwischen ihren rötlichen Zehen haben sie Schwimmhäute. Stockenten werden zwischen 49 bis 62 cm lang und 1 bis 1,5 kg schwer. Ihre Flügelspannweite beträgt 88 bis 92 cm.

1.2 Wie unterscheidet sich das Männchen vom Weibchen bei Stockenten?
Die männliche Stockente, Erpel genannt, hat einen glänzend grünen Kopf, ein weißes Halsband, einen bräunlichen Rücken und eine graue Unterseite. Der weiße Schwanz hat zurückgebogene schwarze Mittelfedern (Erpellocken). Die Flügel sind hellgrau. Der Schnabel ist grüngelb gefärbt. Die weibliche Stockente, einfach Ente genannt, hat ein unscheinbares braunes Federkleid mit dunklen Flecken wie eine Tarnkleidung. Ihr Schwanz ist weiß-grau und ihr Schnabel braungelb gefärbt. Der Erpel und die Ente haben beide unter ihren Flügeln einen blauen Fleck, der „Spiegel" heißt.

1.3 Wie bewegen sich Stockenten im Wasser, an Land und in der Luft?
Die Stockente ist ein Wassertier. Mit ihren Schwimmhäuten an den Füßen paddelt sie und kann dadurch sehr gut schwimmen. An Land

watschelt sie beim Gehen hin und her. Zum Putzen ihrer Federn setzen sie sich gern ans Ufer. Stockenten können schnell, hoch und sehr weit fliegen. In früheren Zeiten flogen die Stockenten wie andere Zugvögel in den warmen Süden.

1.4 Wie nehmen Stockenten wahr?
Stockenten können gut sehen, hören, riechen und schmecken.

1.5 Welche Geräusche machen Stockenten?
Die Weibchen schnattern und machen kwek-Geräusche, die Männchen nicht. Ein verliebter Erpel knurrt und pfeift manchmal. Wenn Enten fliegen, machen ihre Flügel ein wiek-wiek-wiek-Geräusch.

1.6 Wie reagieren Stockenten auf dich und auf andere Menschen?
Die Enten sind nicht sehr scheu. Vor allem im Winter, wenn sie auf Futter hoffen, kommen sie nahe heran und fressen aus der Hand. Hungrige Enten können frech werden. Wenn die Enten in der Mauser sind und nicht fliegen können, kommen sie meist nicht an die Menschen heran und bleiben eher in einem geschützten Versteck.

1.7 Wie fühlt sich das Tier an?
Das Federkleid der Stockenten fühlt sich weich, glatt und warm an. Mit ihrem Fett der Bürzeldrüsen fetten sie sich die Deckfedern ein, sodass das Wasser abperlt und nicht an den Körper kommt.

Umrisszeichnung zum Ausmalen von Ente und Erpel im schönsten Federkleid

Fragenkarte 2:
Lebensraum und Nahrung – Wo und wie die Stockente lebt
Wo lebt das Tier in der Wildnis?
Welche verwandten Vogelarten leben in seiner Umgebung?
Welche Pflanzen wachsen in der Umgebung des Tieres?
Was frisst und trinkt das Tier? Wie frisst und trinkt es?
Wo bewahrt das Tier sein Futter auf?
Was macht das Tier tagsüber und nachts?

Informationskarten 2:
Lebensraum und Nahrung – Wo und wie die Stockente lebt
2.1 Wo leben Stockenten in der Wildnis?
Stockenten leben in der Wildnis an allen Gewässern, an Seen, Teichen, Flüssen und Bächen. Als „Kulturfolger" sind sie in den Städten an Teichen in Parkanlagen, an Wassergräben und anderen Gewässern zu sehen.

2.2 Welche verwandten Vogelarten leben in ihrer Umgebung?
Zu den verwandten Vogelarten in ihrer Umgebung gehören zum Beispiel Schwäne, Teichhühner, Blässhühner, Gänse und Reiher.

2.3 Welche Pflanzen wachsen in der Umgebung
von Stockenten?
In und an Gewässern, wo die Stockente lebt, gibt es viele Pflanzen, zum Beispiel im Wasser: Wasserpest und Hornblatt; auf dem Wasser: Seerosen, Teichrosen und Wasserlinsen (Entengrütze); an Land: Weiden, Pappeln, Erlen, Wiesenkerbel, Sumpf-Dotterblume, Schilf, Rohrkolben und Pestwurz.

2.4 Was fressen und trinken Stockenten?
Die Nahrung der Stockenten besteht aus pflanzlicher und tierischer Kost. Sie fressen die weichen, saftigen Blättchen und Knospen von Wasser- und Uferpflanzen ebenso wie Sämereien, Wurzelstückchen und Beeren, aber auch Insekten, Larven, Fischbrut, Froschlaich, Kaulquappen, Wasserflöhe, Käfer, kleine Krebse oder Würmer. Von Menschen nehmen sie auch gern Brot, Fischfutter und Speisereste.

2.5 Wie fressen und trinken Stockenten?

Das Suchen nach kleinen Wassertierchen mit dem Schnabel auf der Wasseroberfläche zwischen den Schwimmpflanzen wird schlabbern genannt. In Gewässern gewinnen die Stockenten einen Großteil ihrer Nahrung durch Gründeln. Dabei stecken sie Hals und Kopf tief in das Wasser und saugen mit ihrem Schnabel aus dem Schlamm Nahrungs-teilchen auf. Ihr Schnabel ist wie ein Sieb, mit ihm kann die Ente fühlen, was essbar ist und was nicht. Wenn sie frisst, schluckt sie von selbst Wasser und braucht nicht zu trinken.

Gründeln der Ente

2.6 Wo bewahren Stockenten ihr Futter auf?

Stockenten legen kein Futterlager an, sie müssen jeden Tag aufs Neue nach Futter suchen.

2.7 Was machen Stockenten tagsüber und nachts?

Sie sind Tag und Nacht aktiv, schlafen am Tag zeitweise auf der Was-seroberfläche mit zurückgelegtem Kopf und streifen im Schutz der Dunkelheit gern auf der Suche nach Futter auch in der Umgebung der Gewässer herum.

Fragenkarte 3:
Paarung der Enten und Aufzucht der Jungtiere

Wann paart sich das Tier?
Wie begattet sich das Tier?
Wie bekommt das Tier seine Jungen?
Wie werden die Jungtiere versorgt und beschützt?

Verändern sich die Tiere, wenn sie wachsen?
Wie lange bleiben die Jungen bei den Eltern?
Welche Feinde hat das Tier?

Informationskarten 3:
Paarung und Aufzucht der Jungtiere

3.1 Wann paaren sich Stockenten?

Enten und Erpel finden sich nach der Mauser bereits im Herbst und
bleiben den ganzen Winter über zusammen. Vor allem der männliche
Erpel verfügt in der Winterzeit schon über sein schönstes Federkleid
für die Balz (Werbung) um sein Weibchen. Wenn der Winter vorbei
ist, sorgt das Entenpaar im Frühjahr für Nachwuchs. Im Februar/
März erfolgt die gerichtete Balz, die auf die Befruchtung des Weibchens durch den Erpel gerichtet ist. Während der Erpel mit seinen
„räb-räb"-Rufen und dem Nickschwimmen um das Weibchen wirbt,
„hetzt" sie den Erpel werbend vor sich her über das Wasser.

3.2 Wie begatten sich Stockenten?

Ihr Liebesspiel wird durch gegenseitiges Sichanschauen und Kopf-
nicken eröffnet. Zur Befruchtung schwimmt das Weibchen langsam
flach auf dem Wasser, streckt seinen Hals nach vorne und nickt
ständig mit dem Kopf. Dadurch ist der Erpel aufgefordert, auf ihren
Rücken zu klettern und die Eier im Körper des Weibchens mit seinem
Samen zu befruchten. Die Ente ist dabei kaum noch zu sehen und hält
nur noch den Kopf aus dem Wasser. Mit dem Zurückziehen des Kopfes zeigt der Erpel, dass die Begattung vollzogen ist.

3.3 Wie bekommen Stockenten ihre Jungen?

Das Entenpaar sucht für die Brut einen geeigneten Nistplatz. Dazu
müssen sie in Stadtgebieten häufig von ihren Gewässern wegfliegen.
Stockenten sind in der freien Natur Bodenbrüter. In der Zeit zwischen
März und April ist das Weibchen mit dem Nestbau beschäftigt,
während der Erpel das Nest bewacht. Das Weibchen baut das Nest
mit Pflanzenteilen und Laub und zupft sich zuletzt Daunenfedern aus,
um das Nest weich auszupolstern. Ende März oder Anfang April legt
das Weibchen 7 bis 12 grünlichgraue Eier in das Nest, jeden Tag eines. Während das Weibchen die Eier drei bis vier Wochen lang allein
ausbrütet, hält der Erpel sich zum Schutz in der Nähe auf.

3.4 Wie werden die Jungtiere versorgt und beschützt?

Wenn die Entenküken im Mai oder Juni aus ihrem Ei geschlüpft sind, kümmert sich der Erpel nicht mehr um die weitere Aufzucht. Er zieht sich mit anderen Erpeln zur Mauser zurück. Bald nach dem Schlüpfen führt die Entenmutter ihre federleichten, schwarzbraunen Entenküken zum Wasser. Sie können schon schnell laufen und schwimmen. Die Entenmutter zeigt ihren Küken, wo sie Futter finden und wie sie schlabbern, picken und gründeln können. Abends bietet sie ihnen unter ihren Flügeln Schutz und Wärme zum Schlafen. Wenn sie kwek-kwek ruft, bedeutet dies Gefahr. Dann kommen die kleinen Jungen ganz in ihre Nähe oder flüchten zwischen die Pflanzen.

3.5 Verändern sich die Stockenten, wenn sie wachsen?

Die Ente führt und beschützt ihre Brut ungefähr 50 bis 60 Tage. Nach fünf Wochen bekommen die jungen Enten ihre Deckfedern und nach acht Wochen sind ihre Flügel so kräftig, dass sie voll flugfähig sind. Sie verlassen dann ihre Mutter und sind selbstständig.

3.6 Wie lange bleiben die Jungtiere bei den Eltern?

Wenn die jungen Enten fliegen können, gehen sie eigene Wege und verlassen ihre Mutter. Nun kann auch die weibliche Ente in die Mauser ihres Federkleides gehen. Die jungen Enten sind nach einem Jahr erwachsen und erreichen dann ihre Geschlechtsreife. Sie können selbst eine Familie gründen. Eine Stockente kann in Freiheit 14 Jahre alt werden.

3.7 Welche Feinde hat das Tier?

Auch wenn die Ente ihre Jungen zu schützen versucht, fallen trotzdem viele Küken ihren Feinden zum Opfer. Im Wasser haben es Ratten, Hechte, Reiher, Krähen und Raubvögel auf die Küken abgesehen. An Land machen Füchse und Wiesel Jagd auf kleine und erwachsene Enten. Leider erlauben auch manche Menschen ihren Hunden, Enten zu jagen.

Bedroht werden Enten aber auch durch eine falsche Tierliebe der Menschen, die an den Gewässern zu viel Brot und andere Nahrungsmittel an Enten verfüttern. Dies führt zu Verunreinigungen des Wassers und zu Krankheiten. Das Wasser verliert dann mehr und mehr die Fähigkeit zur Selbstreinigung.

Fragenkarte 4:
Weibchen und Männchen im Jahreslauf nach der Aufzucht der Jungen

Was bedeutet die Mauser des Männchens und des Weibchens
im August/September?
Wie verändern sich die Weibchen und Männchen im Oktober/
November äußerlich und in ihrem Verhalten?
Wie sehen das Weibchen und das Männchen im Winter
(Dezember/Januar) aus und wie verhalten sie sich im Februar/März
zueinander?

Informationskarten 4:
Weibchen und Männchen im Jahreslauf nach der Aufzucht der Jungen

**4.1 Was bedeutet bei Stockenten die Mauser des Männchens
und des Weibchens im August/September?**

Nach der Zeit der Brut- und Aufzucht kommen die Stockenten im Ju-
li/August/September in die Mauser. Das Männchen verliert dann seine prächtigen Federn und gleicht in seinem „Schlichtkleid" fast dem
Aussehen des Weibchens im „Ruhekleid". Auch das Weibchen verliert
während der Mauser sein bisheriges Federkleid.
Durch den Wechsel der Federn haben Männchen und Weibchen auch
ihre Flugfedern verloren. Weil sie dann gegenüber Feinden besonders
gefährdet sind, halten sie sich gern in geschützteren Räumen des Gewässers auf.

**4.2 Wie verändern sich die Weibchen und Männchen im
Oktober/November äußerlich und in ihrem Verhalten?**

Nach der Mauser erwerben die Weibchen im Oktober/November wieder ihr „Brutkleid" und die Männchen ihr „Prachtkleid". Nun beginnt
im Herbst für die Stockenten die Paarungszeit von neuem. Das Männchen wirbt (balzt) in dieser Zeit um ein Weibchen. Dabei macht der
Erpel verschiedene Tanzfiguren, zum Beispiel das Nickschwimmen
flach auf dem Wasser liegend und den „räb-räb"-Ruf mit aufgerichte-
tem Kopf. Oft balzen die Erpel gemeinsam (Gesellschaftsbalz), und die
weiblichen Enten schauen vom Rand aus zu, um ihre Wahl zu treffen.
Jede Ente sucht sich einen Erpel aus, und beide bleiben dann den
ganzen Herbst und Winter hindurch ein unzertrennliches Paar.

4.3 Wie sehen Weibchen und Männchen im Winter (Dezember/ Januar) aus und wie verhalten sie sich im Februar/März zueinander?

Wenn die Erpel am Ende des Herbstes ihr buntes Federkleid wieder zurückbekommen haben, zeigen sie sich im Winter in ihrer schönsten Pracht. Im Dezember und Januar, wenn die Gewässer fast zugefroren sind, versammeln sie sich auf dem Eis. In der Hoffnung auf Futter kommen sie nahe an das Ufer heran oder sogar zu den Menschen am Rand des Gewässers.

Im Februar/März erfolgt die gerichtete Balz, die auf die Befruchtung des Weibchens durch den Erpel gerichtet ist. Während der Erpel mit seinen „räb-räb"-Rufen und dem Nickschwimmen um das Weibchen wirbt, „hetzt" sie den Erpel werbend vor sich her über das Wasser.

Fragenkarte 5:
Mensch und Tier – Mensch und Stockente

Wird das Tier durch den Menschen bedroht?
Wird das Tier durch den Menschen beschützt?
Welche Nistplätze der Stockenten gibt es ganz in der Nähe von Menschen in der Stadt (z. B. am Gartenteich, auf dem Balkon, auf dem Flachdach eines Hauses)?
Welche Gefahren gehen davon für die Jungen auf dem Weg zum Gewässer aus?

Informationskarten 5:
Mensch und Tier – Mensch und Stockente

5.1 Werden die Stockenten durch den Menschen bedroht?

Nach der „Verordnung über die Jagdzeiten" (Bundesregelung) besteht die Schonzeit für Stockenten vom 16. Januar bis zum 30. August. Dies ist die Zeit im Jahresverlauf, in der die Stockenten für ihren Nachwuchs sorgen. Darüber hinaus gibt es Verordnungen der einzelnen Bundesländer, die davon abweichende Regelungen enthalten können. Bei ihrer großen Vermehrung ist die Stockente durch die Jagdzeit nicht vom Aussterben bedroht.
Außerhalb der Schonzeit können die Wildenten gejagt werden.

5.2 Werden die Stockenten durch den Menschen geschützt?

Aus Unwissenheit und falsch verstandener Tierliebe geht vom Menschen eine Bedrohung aus. Indem Kinder und Erwachsene den Wildtieren an den Teichen große Mengen Brot als Futter anbieten, haben die viel zu hohen Rückstände im Wasser schlimme Krankheiten zur Folge. Außerdem drohen viele Gewässer durch größere Mengen verschimmelter Brotreste umzukippen. Die Gewässer verlieren dann vor allem im Sommer ihre Fähigkeit zur biologischen Selbstreinigung. Die Gewässer müssen aber im Interesse einer natürlichen Ernährung der Wildtiere ihr ökologisches Gleichgewicht behalten.

5.3 Welche Nistplätze der Stockenten gibt es ganz in der Nähe von Menschen und welche Gefahren gehen davon für die Jungen aus?

Die Nähe zu den Menschen in städtischen Lebensräumen und mildere Winter führen dazu, dass die Stockenten im Gegensatz zu anderen Vögeln nicht mehr in den Süden ziehen und auch im Winter an den Gewässern ihrer Geburt bleiben, obwohl sie gut und weit fliegen können. Und während der Paarungs- und Brutzeit suchen sich viele Entenpaare Nistplätze in städtischen Wohngebieten, z. B. auf einem Balkon, auf dem Flachdach eines Hauses, an einem kleinen Teich im Garten oder im Innenhof eines öffentlichen Gebäudes. Nach dem Ausschlüpfen der Küken ist dann der Weg der Ente mit ihren Jungen zu ihrem Gewässer mit großen Gefahren verbunden.

Die Ergebnisse der Beobachtungen und Erarbeitungen können unter biologischen und ökologischen Aspekten in einer kleinen Ausstellung präsentiert werden, die sich aus Fotos, Zeichnungen, Abbildungen, Karten und Stadtplänen mit Gewässerkartierungen, Steckbriefen von Wildtierarten am Wasser und Informationstexten zusammensetzt.

Literatur und Material

Literatur für Lehrerinnen und Lehrer

BILLICH, VERA: Ein Tierfreund füttert Wasservögel nicht! In: Lebenswelt Tiere in Haus, Zoo und Park. Materialien für den Sachunterricht. Seelze-Velber: Kallmeyersche Verlagsbuchhandlung o.J., S. 121–128.

BRANDEL, VICKI: Die Stockente entdecken. Lernen an Stationen. In: Grundschulunterricht, 50. Jg., Heft 3, März 2003, S. 50–55.

ERDMANN, BÄRBEL: Die Stockente – ein Schwimmvogel. In: Lebenswelt Tiere an Land, im Wasser und in der Luft. Materialien für den Sachunterricht. Seelze-Velber: Kallmeyer o.J., S. 51–57.

NOTTBOHM, GERD: Von Stockenten und anderen Wasservögeln. Tiere in der Nachbarschaft. In: Tiere beobachten, vergleichen, pflegen. Grundschule Sachunterricht, Heft 12, November 2001, Themenheft S. 28–30 und Materialpaket S. 1–3, 9, Materialeinlage zwischen S. 12 und 13 (Jahreskreis der Stockente) und Tierkartei.

SCHAFFRATH, ULRICH: Entenunterricht. Grundschulkinder beobachten Stockenten im Jahreslauf. In: Die Grundschulzeitschrift, 13. Jahrgang, Heft 122, März 1999, S. 22, 27 und Materialeinlage S. 32.

SCHAUB, HORST: Zeit und Geschichte erleben. Berlin: Cornelsen Scriptor 2002, S. 37–61.

SCHAUB, SYBILLE: Das Jahr und der Kalender. Lernen an Stationen. In: Praxis Grundschule, 21. Jg., 1998, H. 6, S. 8–15.

Material

EWIJK, N. VAN: Der Tierkasten. Nienhuis International. Industriepark 14, 7021 BL Zelhem, Niederlande.

2 Verwandlungskünstler im Jahreslauf: Die Schmetterlinge

Wie wir in unserer eigenen Kindheit, so sind auch die Kinder heute von der Farbenpracht und Schönheit einheimischer Schmetterlinge fasziniert. Um sie das Wunder der Verwandlung der Schmetterlinge vom Ei über die Raupe und die Puppe zum neuen Falter unmittelbar erleben und beobachten zu lassen, sollten etwa ab Ende April und Mai einheimische Schmetterlinge im Klassenzimmer gezüchtet werden. Dazu sind vor allem der *Kleine Fuchs* und das *Tagpfauenauge* gut geeignet. In der Natur finden wir die Eier und Raupen von ihnen vorwiegend an der *Großen Brennnessel*, sodass die Beschaffung der Tiere und ihres Futters bei der weiten Verbreitung dieser Pflanze kein Problem sein dürfte. Dieses Erleben kann dann Anlass für die Kinder sein, sich auch mit anderen Schmetterlingsarten befassen zu wollen.

Nun gibt es für die Realisierung in der Schule immer mehrere Möglichkeiten. So kann sich der Unterricht von April/Mai bis Juni/Juli unmittelbar auf die Beobachtungsphase des Lebenszyklus der ersten Generation vom Ei zum Falter beschränken. Darüber hinaus können weitergehend das Jahr der Schmetterlinge von zwei Generationen thematisiert, Schmetterlinge außerhalb der Schule beobachtet, die Bepflanzung von Schul- und Elterngärten einbezogen und die Beobachtungen zur Aufzucht in der Schule intensiver vor- und nachbereitet werden. Die *Vorschläge für den Unterricht* beziehen sich auf beide Möglichkeiten. Die *Sachinformationen* dienen einer allgemeinen Einführung in die Ordnung, Familie und Art der Schmetterlinge. Weitere Sachinformationen sind in den *Vorschlägen für den Unterricht* enthalten.

Unterrichtsziele

- Erfahrungen der Kinder mit Schmetterlingen im Gespräch austauschen.
- Formen der Schmetterlingsart kennen lernen.
- Schmetterlinge an ihren Lieblingspflanzen bei der Nahrungsaufnahme in der Natur beobachten.

- Lieblingspflanzen der Schmetterlinge kennen lernen und mit Namen bezeichnen.
- Wild wachsende Nektarpflanzen für Falter und Raupenfutterpflanzen – wenn möglich – im Schul- und Elterngarten anpflanzen.
- Die Verwandlung von Raupen zu Schmetterlingen an geeigneten Arten in der Schule beobachten und sich an der Pflege beteiligen.
- Die Stadien der Verwandlung im Lebensrhythmus von Schmetterlingen erklären und beschreiben.
- Verschiedene Schmetterlinge durch die Beschreibung ihrer Merkmale und ihrer Lebensweise unterscheiden lernen.

Sachinformationen

Schmetterlinge gehören zum *Stamm der Gliederfüßer* (Arthropoden) mit den fünf Klassen der Insekten, Spinnentiere, Tausendfüßer, Krebstiere, Pfeilschwanzkrebse und innerhalb dieses Stammes zur *Klasse der Insekten*. Vor etwa 310 Millionen Jahren, im Erdzeitalter des Karbon, ist es den Insekten in der Evolution gelungen, Flügel zu entwickeln, mit denen sie den Luftraum erobern konnten.

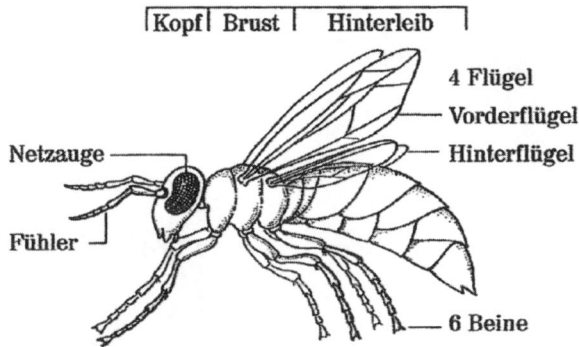

Mit über einer Million Arten sind die Insekten die größte Tiergruppe auf dieser Erde. Erkennungsmerkmal aller Insekten ist ihr in drei Teile gegliederter Körper mit Kopf, Brust und Hinterleib. Am Kopf sitzen die beiden Fühler, die aus vielen Einzelaugen bestehenden Netzaugen und der Mund mit Werkzeugen zur Nahrungsaufnahme. Die Brust besteht aus drei Abschnitten, an denen jeweils ein Paar Beine sitzt. An den beiden hinteren Brustabschnitten sind zwei Flügelpaare vorhanden.

Eine Ausnahme bilden flügellose Insekten und Zweiflügler. Der Hinterleib ist bei allen Insekten frei von Flügeln und Beinen.

Die Insekten haben einen festen Panzer, der wie die Flügel aus Chitin, einem hornähnlichen Stoff, besteht. Der elastische Panzer schützt vor zu großer Verdunstung bei Trockenheit und vor Verletzungen.

Schmetterlinge bilden innerhalb der Klasse der Insekten eine eigene *Ordnung* (Lepidoptera) mit etwa 110 000 Arten auf der Erde, von denen es ungefähr 3000 Arten in Deutschland gibt. „Lepidoptera" heißt übersetzt „Schuppenflügler". Durch diese Besonderheit unterscheiden sie sich von allen anderen Insekten. Nicht nur ihr Körper, sondern vor allem auch die vier großen Flügel sind vollständig mit Schuppen besetzt, die aus winzigen Chitin-Plättchen bestehen. Weil jedes Plättchen eine andere Farbe hat, entstehen auf den Flügeln mosaikartige Muster und Farben. Jede Schmetterlingsart hat ihr eigenes Farbmuster.

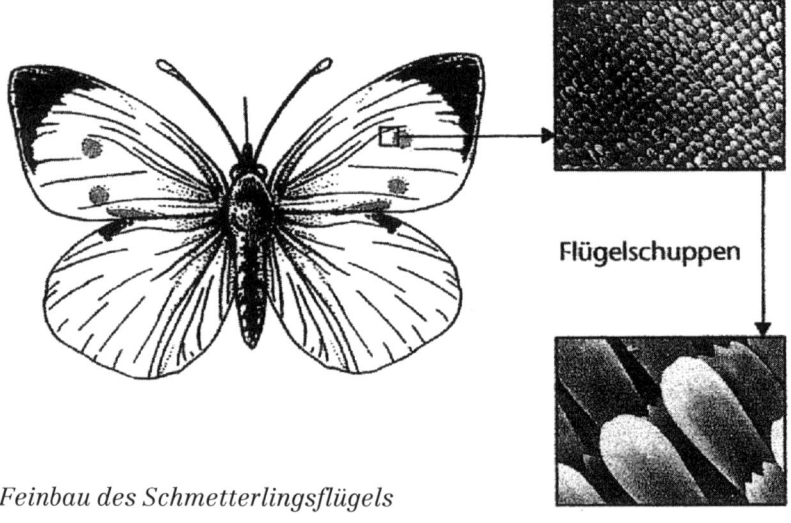

Flügelschuppen

Feinbau des Schmetterlingsflügels

Schmetterlinge sind Insekten, die im Jahresablauf eine *vollständige Verwandlung* vom Ei über die Raupe und die Puppe zum ausgewachsenen Falter vollziehen, die *Metamorphose* genannt wird. Im Verlauf ihres Lebens verändern also alle Schmetterlinge ihre Gestalt mit unterschiedlichem Aussehen vier- bis fünfmal und sind doch als Ei, Raupe, Puppe, Falter ein und dasselbe Tier.

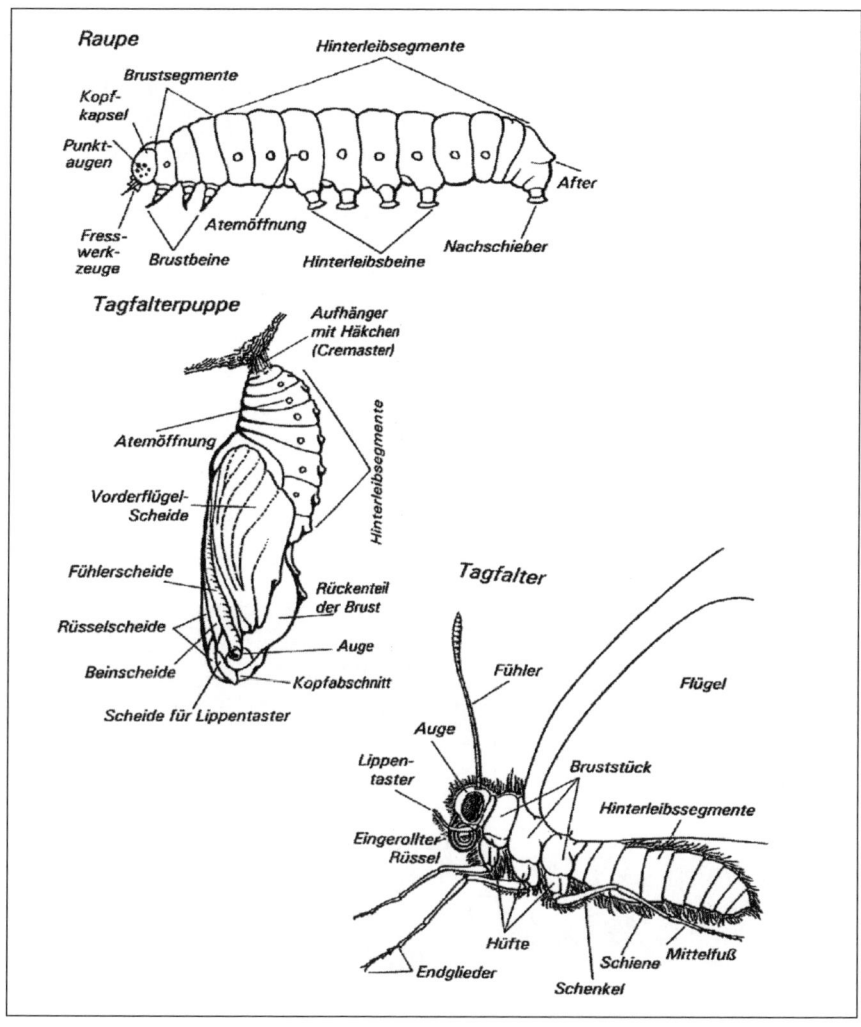

Die Zeit der Verwandlung vom Ei bis zum erwachsenen Falter wird auch als eine *Generation* bezeichnet. Manche Schmetterlingsarten, wie z. B. der *Kleine Fuchs*, vermehren sich durch zwei Generationen im Jahresablauf, wobei dann der frische Falter der zweiten Generation auch überwintert. Wieder andere Arten vermehren sich im Jahresablauf, wie z. B. das *Landkärtchen* in zwei Generationen mit unterschiedlichem Aussehen der Falter. Das Landkärtchen überwintert aber als Puppe.

Als eine weitere Gruppe sind noch die *Wanderfalter* zu erwähnen. Zu ihnen gehören z. B. der *Admiral* und der *Distelfalter*. Sie machen sich im Frühling in den Mittelmeerländern auf den weiten Weg über die für sie gefährlichen Alpenregionen und treffen nach diesen vielen Kilometern im späten Frühjahr bei uns ein. Sie verbringen hier den Sommer mit seinem für sie günstigen Klima und Pflanzenwuchs. Von der letzten Generation ihres Nachwuchses fliegen die herangewachsenen neuen Falter im Herbst wieder zurück in den Süden Europas. Einige Wanderfalter haben es inzwischen geschafft, z. B. im wärmeren südlichen Teil von Baden-Württemberg zu überwintern. Das Schmetterlingsjahr beginnt also im Frühjahr auf unterschiedliche Weise.

Unter den *Tagfaltern* gehören der Kleine Fuchs (Aglais urticae) und das Tagpfauenauge (Inachis io) zur *Familie der Edelfalter* (Nymphalidae). Beide Schmetterlingsarten überwintern als Falter. Ihre Entwicklungsphasen im Jahresablauf können durch folgende Zeitleisten verdeutlicht werden.

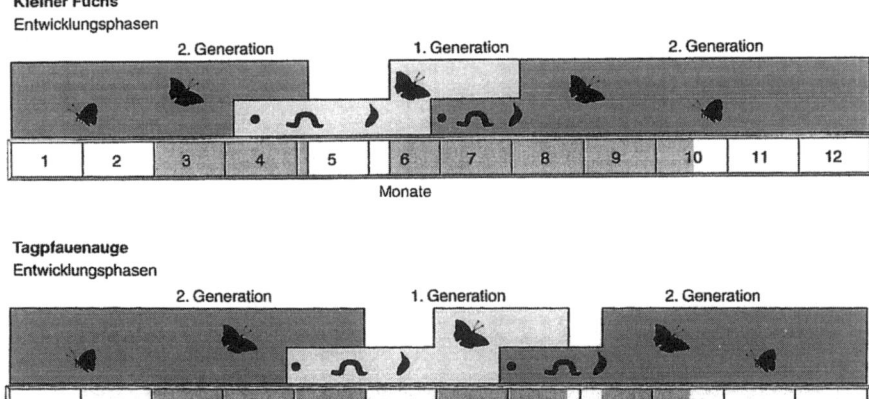

Die folgenden Vorschläge für den Unterricht beziehen sich hauptsächlich auf diese Entwicklungsphasen des Kleinen Fuchses und des Tagpfauenauges, teilweise auch auf die Merkmale des Admirals und des Landkärtchens. Sie sind auf andere Schmetterlingsarten leicht zu übertragen.

Wichtige Informationen und schöne Bilder vom Admiral und vom Landkärtchen finden Sie im Internet unter der auf Schmetterlinge spezialisierten Hompage <u>schmetterling–raupe.de</u>.

Vorschläge für den Unterricht
Erste Phase: Anlass, Perspektiven, Vorbereitung

Das Schmetterlingsjahr beginnt, wenn im Frühjahr die ersten Schmetterlinge, die den Winter entweder als Falter oder als Puppe überstanden haben, herumfliegen. Dies kann ein *natürlicher Anlass* für die Thematisierung der Schmetterlinge im Unterricht sein. Der Kleine Fuchs und das Tagpfauenauge, die als Falter überwintert haben, gehören schon ab März zu den Frühfliegern, während das Landkärtchen, das als Puppe überwintert, ab April fliegt. Die Puppe des Landkärtchens muss sich erst, wenn es wärmer wird, zu einem Falter entwickeln.

Da die Kinder solche natürlichen Anlässe beim ersten Mal nicht von sich aus aufgreifen, ist es nur „natürlich", ihnen die eigenen Beobachtungen in der Natur und die daraus resultierenden Planungsüberlegungen vorzustellen. Als *Einstieg* können Sie den Kindern aus einem Kindersachbuch von UNA JACOBS vorlesen oder von den wunderbaren Verwandlungskünstlern erzählen, die in ihrem Winterquartier als Falter oder als Puppe bei uns auf den Frühling gewartet haben oder als Zugfalter in Nordafrika wahrscheinlich schon gestartet sind, um über die Alpen zu uns zu fliegen, damit sie hier ab Ende Mai eintreffen und ihren Nachwuchs aufziehen können. Um von Anfang an bei dieser Entwicklung im Jahr der Schmetterlinge nichts zu verpassen, ist es notwendig, die Kinder rechtzeitig darauf vorzubereiten.

Ziel dieser ersten Phase ist es, aus der inhaltlichen Darstellung des Jahresablaufs von Schmetterlingen heraus mit den Kindern Beobachtungs- und Erarbeitungsaufgaben zu entwickeln, die zu einem überblickartigen Perspektivplan führen, mit dem sie sich identifizieren können.

In diesem Planungsgespräch lässt sich auch erkunden, was die Kinder über Schmetterlinge schon wissen, welche Einstellungen sie gegenüber diesen Tieren haben und ob sie schon etwas über Schmetterlinge als einer bedrohten Tierart gehört haben.

Einstieg „Kinderbuch": Als Einstieg können Auszüge aus dem Buch von Una Jacobs „Die Schmetterlings-Uhr. Mit Tag- und Nachtfaltern durch das Jahr" vorgelesen werden.
Einstieg „Erzählen": Zum „Jahr des Schmetterlings" kann ein Erzähltext mit Farbfolien zu Bildern aus Bestimmungsbüchern, Nachschlagewerken oder dem Internet im Sitzkreis vorgetragen werden, der Erzählbeiträge und Fragen der Kinder auslöst. Es geht um die Vorbereitung der zukünftigen Beobachtungen, denn nur der sieht etwas, der weiß, was er in der lebenden Tierwelt sehen kann.

Kopiervorlage: Die folgende Skizzierung zum Kleinen Fuchs kann zur Entwicklung eines *Erzähltextes* eine Hilfe sein.

Die Kopiervorlage kann auch zur Herstellung eines *Lesematerials* für die Schüler verwendet werden. Und das Material lässt sich flexibel in Einzelteilen gestalten, die untereinander und nebeneinander gelegt werden können: Bildkarte, Namenkarte zum Bild, Textkarte zum Bild.

Wenn das Material nicht als Einstieg zur Vorinformation, Beobachtungsmaterial und Planungsgrundlage für die spätere konkrete Beobachtung der Entwicklungsphasen der Schmetterlinge dienen soll, kann es später parallel zur Aufzucht der Schmetterlinge im Klassenraum eingesetzt werden.

Bilder zur Herstellung von Bildmaterial sind in der angegebenen Literatur zu finden.

Der Kleine Fuchs nach dem Winter: Falter, Ei, Raupe, Puppe, Falter

1 Überwinterte Schmetterlinge bei uns
Schmetterlinge überwintern entweder als Puppe oder als Falter. Der Kleine Fuchs überwintert als Falter. So sieht er im Frühjahr aus.
Merkmale: Auf der Oberseite der Vorderflügel mit orange-brauner Grundfärbung hat er drei schwarze Punkte, von denen zwei ziemlich klein sind und einer sehr viel größer ist. Der obere Rand ist schwarz und gelb-weiß gestreift. Der Saum der Flügel ist dunkel mit eingelegten blauen Tupfen.

2 Nahrungssuche, Partnersuche, Eiablage
Im Vorfrühling (ab März) fliegen die überwinterten Falter an den ersten warmen Tagen auf Partnersuche und auf der Suche nach flüssiger Nahrung zu Blüten der Frühblüher.
Auf dem Bild ist ein Weibchen nach der Paarung bei der Eiablage an Brennnesseln zu sehen.
Die Unterseite der Vorderflügel ist im Unterschied zu den Hinterflügeln hellbraun.

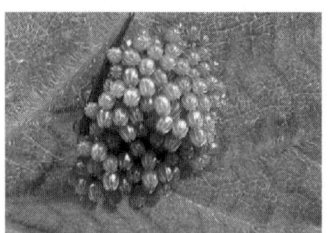

3 Eiergelege unter dem Brennnesselblatt
Das Weibchen legt oft schon im April 50 bis 200 Eier in Gruppen unter ein Blatt der Großen Brennnessel. Die Brennnessel ist die Futterpflanze der Raupe. Die Raupen wachsen bis zum Schlüpfen in den Eiern heran. Das Gelege ähnelt dem des Tagpfauenauges.
Überwinterte Falter fliegen nach der Balz und Eiablage meist nur noch bis Anfang Mai, danach sterben sie.

4 Geschlüpfte Raupen im Gespinst

Die kleinen Larven schlüpfen – je nach Temperatur – nach 10 bis 20 Tagen aus den Eiern. Die Räupchen sind dann dicht beieinander im Gespinst und fressen unaufhörlich. Die Raupenzeit ist das Stadium des Wachstums. Auf dem Bild sind halb erwachsene Raupen zu sehen. Sie verlassen bald das Gespinst. Die Raupen der ersten Generation sind ab Ende April an den Blättern der Großen Brennnessel zu finden.

5 Erwachsene Raupen (bis 30 mm lang)

Wenn die Raupen träge werden und nicht mehr fressen, steht eine der vier bis fünf Häutungsphasen bevor. Die Raupe will jetzt in Ruhe gelassen werden. Nach wenigen Tagen schlüpft sie aus der alten zu eng gewordenen Haut heraus und sieht leicht verändert aus. Ab der dritten Häutung ist sie durch ihre gelbe Längsstreifung und die schwarz-gelben Dornen von anderen Schmetterlingsraupen zu unterscheiden.

6 Verpuppung und Puppe

Die Verpuppung der Raupe erfolgt nach etwa 2 bis 3 Wochen Ende Mai/Anfang Juni. Die Puppe des Kleinen Fuchses gehört zur Gruppe der Stürzpuppen, die sich mit dem Hinterteil an Gegenständen befestigen und dann mit dem Kopf nach unten hängen. Auf dem Bild ist eine solche Puppe zu sehen. In ihr vollzieht sich der Umwandlungsprozess von der Raupe zum fertigen Schmetterling, der längere Zeit dauert.

7 Geschlüpfter Kleiner Fuchs

Der Falter ist nach etwa 10 Tagen aus der Puppenhülle geschlüpft und fliegt meist im Juni als Schmetterling in die Landschaft. Nun wird er die Pflanzen und ihre Blüten anfliegen, in denen er mit seinem Rüssel den flüssigen Nektar heraussaugt. Dann wird er auf Partnersuche gehen, sich paaren und das Weibchen wird die Eier für die zweite Generation legen. Die Falter der ersten Generation werden dann im Juli sterben.

Aus der Erzählung über den Kleinen Fuchs kann sich ergeben, dass die Kinder diese Schmetterlingsart direkt beobachten wollen. Sie können diese Motivation noch dadurch verstärken, indem Sie vorschlagen, Brennnesseln in die Klasse zu holen, um diese Entwicklung ständig genau verfolgen zu können. Da es noch mehr Schmetterlinge gibt, die Brennnesseln als Wirtspflanze für ihre Raupen benutzen, ist es wichtig, darüber Bescheid zu wissen.

Schmetterlinge und ihre Raupen an den Großen Brennnesseln

Wer Schmetterlinge, ihre Eier, Raupen und Puppen an Brennnesselpflanzen und im Klassenraum beobachten will, muss damit rechnen, dass neben dem Kleinen Fuchs auch das Tagpfauenauge, das Landkärtchen, der C-Falter, der Admiral und der Distelfalter die Brennnessel als Wirtspflanze für ihre Raupen nutzen und deshalb dort anzutreffen sind.

Mit Hilfe der Bestimmungsliteratur können von diesen Schmetterlingen in Kleingruppen *Steckbriefe als Beobachtungskarten* für Erkundungen in der Natur und/oder *Material mit Bild-, Namen- und Informationskarten* zum Auslegen in der Klasse hergestellt werden. Bilder braucht man dazu vom Falter und nach Möglichkeit von den Eiern, gerade ausgeschlüpften und ausgewachsenen Raupen sowie von den Puppen, um ihre Unterschiede später in der Natur an Brennnesseln zu erkennen. *Kategorien des Steckbriefs* können sein: Name, Größe, Merkmale/Aussehen, Ernährung des Falters, Fortpflanzung mit Wirtspflanze (Ei, Raupe, Puppe), Flugzeit/Generationen, Vorkommen/Verbreitung.

Vorbereitungen für die Hauptschmetterlingszeit

Zur inhaltlichen Vorbereitung von Beobachtungen an Schmetterlingen in der Natur gehört es auch, selbst entsprechende Pflanzen im Frühjahr einzubringen. Dies ist besonders notwendig, da immer mehr Schmetterlingspflanzen verschwinden und Schmetterlinge vom Aussterben bedroht sind.

• **Einen Schmetterlingsgarten im Schulgarten, im Garten der Eltern oder im freien Gelände einrichten:** Damit die Kinder in der Hauptschmetterlingszeit Schmetterlinge im selbst angelegten Garten beobachten können, muss im April oder Mai ein Erdwall aufgeschichtet und bepflanzt werden. Dazu ist es zunächst notwendig, den Erdwall mit einem Gemisch von Garten-, Blumen- und Komposterde vorzubereiten. Dann kann das Einpflanzen beginnen. *Geeignete Pflanzen* sind: Goldlack, Lavendel, Sommerflieder, Fetthenne, Dahlien mit ungefüllten Blüten, Katzenminze, Mauerpfeffer und Dill. Danach können die Pflanzen mit einem Namensschild versehen werden. Jetzt müssen die Kinder etwas Geduld haben, bis die Pflanzen blühen und die Schmetterlinge angeflogen kommen. Ab und zu sollten die dazwischen wachsenden Wildkräuter herausgeholt werden, damit die Schmetterlingspflanzen genügend Platz haben. Weitere Hinweise auf wichtige Futterpflanzen für Schmetterlinge und ihre Raupen finden sich in UTE EVERS (1999) und REINHARD WITT (2001).

- **Ein Brennnesselbeet im Schulgarten, im Garten der Eltern oder im freien Gelände anlegen:** Eine Reihe einheimischer Schmetterlinge bevorzugt die Große Brennnessel und ist geradezu für die Aufzucht ihres Nachwuchses auf sie angewiesen. Dazu gehören neben den oben bereits aufgezählten Schmetterlingen Tagpfauenauge, Kleiner Fuchs, Landkärtchen, C-Falter, Admiral und Distelfalter auch noch die Messingeule und die Nesselschnabeleule. Um für die Beobachtung im Freigelände ausreichende Beobachtungsmöglichkeiten zu schaffen, ist zu empfehlen, rechtzeitig im Frühjahr ein Beet oder einen Wall mit der Großen Brennnessel anzulegen. Dies kann im Schulgarten auch zusätzlich zum Schmetterlingsgartenbeet sein.

- **Realbegegnung mit den ersten Schmetterlingen im Frühjahr:** Wenn im Frühjahr die ersten überwinterten Schmetterlinge fliegen, kann das Interesse der Kinder nach der oben dargestellten Vorbereitung zum Leben der Verwandlungskünstler an Beobachtungen in der Natur recht groß sein. Es ist ja auch spannend, einen Vertreter dieser Tierart zu sehen, der seit dem Herbst des vergangenen Jahres den Winter als Puppe oder als Falter in Winterruhe lebend überstanden hat. Zu welcher Art gehört er? Wie sieht er genau aus? Wie geht es ihm? Wohin fliegt er nun? Welche Pflanzen sucht er auf? Welche Feinde hat er? Was machen seine Feinde?

  Es kann eine schöne Aufgabe sein, diese eher beiläufigen Beobachtungen der Kinder in ihrem Alltag dokumentieren zu lassen. Eine geeignete Form ist ein kleines Schmetterlingstagebuch. Die Beobachtungen können zusammengetragen werden und zu einer Kartierung der Schmetterlinge und ihrer Pflanzen im Schulbezirk führen. Das Tagebuch kann wie folgt strukturiert sein:

Mein Schmetterlingstagebuch		
Datum	**Namen**	**Beobachtung**
19.08.2003	Kleiner Fuchs	An den Geranien auf unserem Balkon waren mehrere Kleine Füchse.
	schwarze Raupen	An den Brennnesseln am Feldrand „Auf dem Acker" befanden sich viele schwarze Räupchen.
22.08.2003	Blauer Falter	Auf den Disteln an unserem Garten saßen einige blaue Falter (???) und Kohlweißlinge. Wie heißen die blauen Falter und zu welchen Schmetterlingen gehören sie?

Solche natürlichen Anlässe machen es notwendig, dass die Kinder in Tierlexika, Nachschlagewerken und Bestimmungsbüchern über einheimische Schmetterlinge nachschlagen und sich informieren. Die oben angesprochenen **Steckbriefe als Beobachtungskarten** können eine Hilfe dabei sein. Es ist wichtig, dass die Kinder Bilder von den verschiedenen einheimischen Schmetterlingsarten gesehen haben, um herumfliegende und auf Pflanzen verweilende Tiere zu identifizieren. Ein gemeinsamer **Erkundungsgang** bei sonnigem Wetter ins Gelände kann den Kindern Anleitungen zum Beobachten und zur Dokumentation des Beobachteten (Tiere, Pflanzen, Standorte) geben.

Beobachtung von Schmetterlingen in der Schule

Das Ziel ist, die Verwandlung von Schmetterlingen vom Ei über die Raupe und die Puppe zum Falter in der Schule zu verfolgen, genau zu beobachten, sorgsam zu protokollieren und in einem Tagebuch mit Fotos festzuhalten. In der freien Natur vollzieht sich dieses Wunder an den Brennnesseln. In der Schule sind der Kleine Fuchs und das Tagpfauenauge für die Aufzucht gut geeignet. Sie stehen auch nicht unter Naturschutz. Je nach Klimaverhältnissen ist Ende April, der Mai und die erste Hälfte des Juni eine günstige Zeit zur Aufzucht von Schmetterlingen.

Wo und wie findet man in der Natur Eier oder Raupen von Schmetterlingen?

Eier oder Raupen findet man am leichtesten da, wo Eier ablegende Weibchen auf Brennnesseln zu beobachten sind. Denn es ist nicht sicher, an allen Standorten von Brennnesseln auch Eier oder Raupen zu finden. Entdeckt man unter Brennnesselblättern Eiergelege, darf man sie nicht von der Oberfläche entfernen, an die sie angeklebt sind. Will man Eier nur an Blättern mit in die Schule nehmen, besteht die Gefahr, dass die Blätter schnell austrocknen und sich einrollen. Deshalb ist es besser, den ganzen Zweig mit den Eiern mitzunehmen, in einer Blumenvase frisch zu halten, nicht der prallen Sonne auszusetzen und alle paar Tage etwas zu befeuchten. Je nach vorherrschender Temperatur schlüpfen die Räupchen nach 1–3 Wochen. Am besten werden die Blätter mit den Eiern dann auf frische Brennnesseln gelegt, damit die Räupchen sofort nach dem Schlüpfen Nahrung finden.

Es kann für die Unterrichtsgestaltung manchmal leichter sein, gleich Brennnesseln mit einem vollen Gespinst aus der Natur mit in die Schule zu bringen. Raupen sind leichter zu finden als Eier, da sie im Anfangsstadium ihrer Entwicklung gesellig in manchmal großen Gruppen auf den Spitzen der Brennnesselpflanze leben und ihre Fraßspuren hinterlassen.

Welche Behälter eignen sich für eine Aufzucht in der Schule?

Solange die Bündel kleiner Räupchen nichts anderes im Sinn haben als zu fressen, sind sie leicht in einer Vase zu halten und mit frischen Brennnesseln zu versorgen. Werden sie aber größer und das Wandern der erwachsenen Raupen beginnt, muss entschieden werden, ob die Raupenhaltung frei im Klassenraum sein kann, wie es von SCHÜLER/KÜHN (2002, S. 15) empfohlen wird, oder ob die weitere Verwandlung nicht doch besser in einem Aufzuchtkasten vonstatten gehen soll. In manchen Schulen sind solche Zuchtkästen für Schmetterlinge vorhanden und lange nicht benutzt worden. In vielen Orten gibt es Schulbiologie- oder Natur- und Umweltzentren, in denen Aufzuchtstationen (Höhe 65 cm, Breite 40 cm und Tiefe 40 cm) ausgeliehen werden können. In ähnlichen Maßen sind sie auch im Lehrmittelhandel als Raupenzuchtkasten zu kaufen. Wer Eltern mit handwerklichem Geschick in der Klasse hat oder selbst darüber verfügt, kann einen Kasten auch selbst bauen. Eine Anleitung hierzu befindet sich in dem Buch von PETER LANGE (1991). Es geht darum, die Verhältnisse in der Natur während der Verwandlung nachzuahmen. Der Aufzuchtkasten steht am besten auf schattigen und hellen Plätzen im Raum und darf wegen der Hitze nie in der Sonne stehen.

Was ist bei der Pflege der Raupen zu beachten?

Die mit einem Gespinst voller kleiner Raupen besetzte Brennnessel (meist über 30 Exemplare) wird in einer Vase oder Flasche mit einer schmalen Öffnung zunächst auf einen Tisch gestellt. Darunter sollte ein helles Tuch liegen. Die schmale Öffnung verhindert, dass eine Raupe in das Wasser der Vase fällt, und stellt sicher, dass sich der Kot der Raupen auf dem Tuch sammelt. Wegen der notwendigen Sauberkeit ist der Kot täglich auch von den Pflanzen zu entfernen.

Die Raupen brauchen alle zwei Tage frische Brennnesselblätter an Stängeln. Das Futter muss grundsätzlich trocken sein. Die Kinder sollten täglich einen Strauß frischer Brennnessel mitbringen, der zum Trocknen und als Reserve in eine Vase oder Flasche mit engem Hals bereitgehalten wird. Wenn die zweite Vase dicht an den alten Strauß gerückt wird, wechseln einige Raupen von sich aus zum frischen Futter hinüber. Wichtig: Die Raupen dürfen nie mit den Händen angefasst und mit Gewalt von der Oberfläche eines alten Blattes entfernt werden. Ihr Körper ist viel zu empfindlich. Eine heruntergefallene Raupe wird vorsichtig mit einem weichen Pinsel auf ein Blatt gehoben.

In dieser Phase fressen und wachsen die Raupen. Es ist interessant, der Raupe zuzusehen, wie sie ein Brennnesselblatt vom Rand her mit ihrem

Mund systematisch abnagt. Wenn die Raupen größer werden und ihnen ihre Haut zu eng wird, häuten sie sich etwa vier- bis fünfmal. Bevor es so weit ist, werden sie meist träge, fressen nicht mehr und spinnen sich irgendwo fest. Dann brauchen die Raupen Ruhe, um ihre neue Haut zu bilden, bis sie nach ein paar Tagen aus ihrer alten Haut herausschlüpfen.

Was ist vor und nach der Verpuppung der Raupen zu beachten?

Spätestens dann, wenn die größeren Raupen an den Brennnesseln nicht mehr so wie vorher durch aktives Fressverhalten auffallen, ist es angebracht, die Vase in einen Aufzuchtkasten zu stellen. Denn dann steht die Verpuppung bald bevor. Häutet sich eine erwachsene Raupe zum letzten Mal und erreicht das Puppenstadium, wird sie zum Falter umgeformt. Der Beginn wird beobachtbar, wenn die Raupe das Fressen einstellt.

Die Raupen des Kleinen Fuchses und des Tagpfauenauges hängen sich bei der Verpuppung in der Natur freischwebend an Ästen, Zweigen und anderen Plätzen mit dem Hinterende auf (Stürzpuppen). Sie verpuppen sich in dem Aufzuchtkasten gern an der Decke oder an eingebrachten Ästen. Zwischen die Innenwände können deshalb auch einige Äste als Querverbindung fest angebracht werden. Der Kasten darf also oben keinen Deckel haben, sondern er wird nur über eine Seitentür geöffnet. Die Puppen hängen bis zu 14 Tage bewegungslos an ihrem Ort.

Wie müssen die Puppen behandelt werden und wie kündigt sich das Schlüpfen an?

Die Puppen sollten möglichst in Ruhe gelassen werden. Sie sollten nicht mit den Händen berührt werden, denn sie sind sehr druckempfindlich. In den Tagen vor dem Schlüpfen verfärben sie sich und am Tag vor dem Schlüpfen schimmern schon die Flügel durch die Puppenhülle. Dadurch kann man den Zeitpunkt des Schlüpfens vorher gut feststellen. Im Endstadium platzt die Puppenhaut auf und der Falter beginnt, sich hinauszudrängen. Damit sich die zusammengepressten Flügel entfalten können, braucht der Falter längere Zeit, bis diese sich entfalten und stabilisieren können. Dazu wird Blut in das Aderngeflecht der Flügel gepumpt. Nach dieser anstrengenden Arbeit hängt der Falter einige Zeit fast leblos an oder neben der verlassenen Puppenhülle. Bevor der neue Schmetterling zu seinem ersten Flug ansetzt, müssen die noch feuchten Flügel zunächst erst einmal trocken werden.

Nun sollte die Tür des Aufzuchtkastens am besten am offenen Fenster oder draußen weit geöffnet werden, damit die Falter hinausfliegen können. Bei kühlem und nasskaltem Wetter sind sie noch etwas flugträge. Die jungen Schmetterlinge vollenden dann ihren kurzen Lebensrhythmus, indem

sie sich paaren und das Weibchen Eier ablegt. Die Lebensdauer des ausgeschlüpften Falters umfasst danach noch etwa zwei bis drei Wochen. Aus
dem Verwandlungsprozess der Eier entstehen schließlich frische Falter der
zweiten Generation, die dann überwintern und im Frühjahr zu neuem Leben erweckt werden.

Weitere Ideen zu Schmetterlingen

- **Schmetterlinge malen:** Die Umrisse des Körpers und der Flügel mit
  Bleistift vorzeichnen und dann mit schwarzem Fineliner nachzeichnen;
  den Körper und die Flügel mit Jaxon-Kreide bunt bemalen. Dabei können die erarbeiteten Körpermerkmale beachtet werden: der in drei Teile gegliederte Körper mit Kopf, Brust und Hinterleib; die beiden Fühler
  am Kopf, die an den hinteren Brustabschnitten sitzenden Flügelpaare,
  die auf beiden Seiten gleich sind.
- **Schwarze Umrisszeichnungen von Tagfaltern** (Körper mit Fühler, Flü-
  gelumrisse): je nach Größe mit Kreide, Buntstift oder Wasserfarbe ausmalen.
- **Schwarze Umrisszeichnungen,** auf denen auf den Flügeln schon die
  Hauptmerkmale einer bestimmten Schmetterlingsart mit scharzen Um-
  rissen vorgezeichnet sind, bunt ausmalen.
- **Schmetterlings-Mandala** anmalen; vgl. Gabriele FLADDA (siehe Bilder-
  bücher/Kinderbücher)

Literatur

Literatur für Lehrerinnen und Lehrer

BELLMANN, HEIKO: Der neue Kosmos Schmetterlingsführer. Stuttgart: Franckh-Kosmos Verlag 2003.

EVERS, UTE: Schmetterlinge im Garten: ansiedeln, beobachten, bestimmen. Stuttgart: Ulmer 1999.

KATTMANN, ULRICH: Elfen, Gaukler & Ritter. Insekten zum Kennenlernen. Seelze-Velber: Kallmeyersche Verlagsbuchhandlung 2001.

LANGE, PETER: Lasst Schmetterlinge fliegen! Praktische Anregungen zur Schmetterlingszucht für Eltern und Kinder. Stuttgart: Verlag Freies Geistesleben 1991, Neuauflage in Vorbereitung.

MERIAN, MARIA SIBYLLA: Das Insektenbuch. Frankfurt am Main und Leipzig: Insel Verlag 2002. (Insel Taschenbuch 2850)

SCHÜLER, HENNING/KÜHN, TANJA: Mit eigenen Augen: Das Wunder der Verwandlung. In: Die Grundschulzeitschrift, 16. Jg., Heft 151, Januar 2002, S. 14–17.

STEINBACH, GUNTER (Hrsg.): Die Tiere unserer Heimat. München: ADAC Verlag 1999, S. 140–145, 162–183.

WITT, REINHARD: Ein Garten für Schmetterlinge. Stuttgart: Franckh-Kosmos Verlag 2001.

www.schmetterling-raupe.de

Bilderbücher/Kinderbücher

BELLI, GIOCONDA: Die Werkstatt der Schmetterlinge. Illustrationen von Wolf Erlbruch. Wuppertal: Peter Hammer Verlag, 3. Aufl., 2002.

FLADDA, GABRIELE: Kinder-Mandalas: Tiere. Niedernhausen/Ts.: Falken Verlag 1999/2000, Seite Schmetterlinge.

JACOBS, UNA: Die Schmetterlings-Uhr. Mit Tag- und Nachtfaltern durch das Jahr. Hamburg: Ellermann 1990, Ausgabe 2001.

3 Unmittelbare Erfahrungen mit Tieren: Tiere auf dem Bauernhof

Heutige Kinder kennen den Bauernhof vor allem als Ferienort oder aus Kinderbüchern. Die städtische Welt ermöglicht es ihnen kaum, einen unmittelbaren Kontakt zu Tieren auf dem Bauernhof zu bekommen. Sie assoziieren mit dem Begriff „Bauernhof" ein idyllisches Zusammenleben von Bäuerin, Bauer und vielen verschiedenen Tieren. Auf die Frage „Welche Bauernhoftiere kennst du?", zählten die Kinder meiner Klasse sämtliche Nutz- und Streicheltiere auf. Kaum ein Kind war jedoch schon einmal auf einem Bauernhof und erst recht haben die wenigsten Kinder schon einmal eine Kuh gestreichelt oder ein Huhn gefüttert. Dies macht deutlich, dass den meisten Kindern zwar die Namen der Tiere bekannt sind, sie aber bisher kaum unmittelbare Erfahrungen mit ihnen gemacht haben. Nicht unwesentlich trägt dazu die Spezialisierung und Technisierung der modernen Landwirtschaft bei.

Früher lebten auf einem Bauernhof nicht nur Kühe, Schweine und Hühner, sondern auch Pferde, Esel, Schafe, Ziegen, Gänse, Enten und natürlich auch der Hofhund und Hofkatzen, die Jagd auf die Mäuse machten. Solche Bauernhöfe sind heute selten geworden. Viele verschiedene Tiere nebeneinander zu halten, bringt einem Bauern heute nicht ausreichend Geld. Die Bauern haben sich spezialisiert. Einige betreiben nur noch Ackerbau (Weizen, Gerste, Mais oder Rüben), andere sind reine Viehzüchter (Milchkühe, Mastschweine oder Mastkälber). Hühner werden fast ausschließlich in großen Hühnerfarmen gehalten. Die Arbeitsabläufe in diesen modernen landwirtschaftlichen Betrieben sind hoch technisiert. Die Massentierhaltung ist zwar sehr wirtschaftlich, birgt aber auch Gefahren. Krankheiten, wie etwa die Schweinepest oder die Maul- und Klauenseuche, können sich schnell ausbreiten. Vorbeugend bekommen die Tiere Antibiotika und andere Medikamente.

Inzwischen gibt es eine Trendwende. Vor allem ökologische Betriebe versuchen, sich von der Massentierhaltung abzuwenden und teilweise wieder zum Bauernhof von früher zurückzukehren. In diesem Zusammenhang haben sich auch zahlreiche Bauernhöfe auf „Ferien auf dem Bauernhof" oder „Lernen auf dem Bauernhof" spezialisiert.

Das Konzept von Schulbauernhöfen

Bei Schulbauernhöfen handelt es sich meist um kleine, nichtspezialisierte landwirtschaftliche Betriebe, die sich in Ackerbau, Gemüsebau und Tierhaltung auf die Belange von Kindern und Familien eingestellt haben. Angebunden an den landwirtschaftlichen Betrieb sind Hofherbergen mit Schlafräumen, einer Küche, sanitären Einrichtungen und einem Ess- und Aufenthaltsraum. Die meisten Schulbauernhöfe besitzen Kühe, Arbeitspferde, Schweine, Hühner, Schafe, Kaninchen, Ackerland, Grünland, Küchengarten, Gewächshaus und zum Teil auch alte Streuobstwiesen mit Kirschen, Äpfeln oder Birnen. Ackerland und Grünland bilden die Grundlage der Viehwirtschaft.

Schulbauernhöfe bieten sehr gute Alternativen zu herkömmlichen Klassenfahrten und Freizeiten (Adressliste s. S. 61). Die Kinder können auf einem ökologisch geführten Schulbauernhof verschiedene Tiere kennen lernen, streicheln, beobachten, füttern und mit ihnen kommunizieren. Von montags bis freitags werden die Gruppen an den Vormittagen in der Landwirtschaft betreut und aktiv in die täglichen landwirtschaftlichen Arbeiten eingebunden. Das pädagogisch gestaltete Programm findet meist in Kleingruppen von 5–8 Personen in unterschiedlichen Tätigkeitsbereichen statt. Kinder erleben Tierhaltung und Landnutzung hautnah und schauen nicht nur zu. Sie sind dann selbst die Bäuerin oder der Bauer. Sie arbeiten auf dem Feld, ernten und kümmern sich um die Futtervorbereitung, füttern die Tiere, misten die Ställe aus und melken Kühe. Die Verarbeitung von Milch zu Quark, Sahne, Butter oder Käse und von Korn zu Brot kann oft selbst ausprobiert werden. Darüber hinaus lassen sich auf manchen Schulbauernhöfen auch alte Handwerkstechniken wie Körbe flechten, Wolle verarbeiten, Flachs verarbeiten oder Bürsten herstellen kennen lernen. Je nach Jahreszeit fallen auf einem Schulbauernhof unterschiedliche Tätigkeiten an. Im Folgenden sind die Arbeitsfelder Acker, Garten und Obstwiese ausgeklammert und der Umgang mit Bauernhoftieren steht im Mittelpunkt.

Unterrichtsziele

- Artgerechte Tierhaltung von Bauernhoftieren kennen lernen.
- Durch die unmittelbare Begegnung und Pflege von Bauernhoftieren ein positives Verhältnis zu diesen Tieren aufbauen.
- Tierfamilien und ihre Namen kennen und durch bestimmte Merkmale unterscheiden lernen.

- Wissen über Tiere (Aussehen, Lebensraum, Nahrung, Gewohnheiten, Besonderheiten) im praktischen Umgang, durch sinnliche Erfahrungen, gezielte Beobachtungen und Gespräche erwerben.
- Durch die aktive Einbindung in die Tätigkeiten der Bäuerin oder des Bauern den Tagesablauf von Tieren kennen lernen.
- Ängste gegenüber Bauernhoftieren durch den direkten Kontakt zu ihnen abbauen.
- Einblicke in die Produktverwertung von Milch, Getreide und Wolle durch die Herstellung von Käse und Butter oder Brot und Wolle bekommen.

Sachinformationen zu ausgewählten Bauernhoftieren

Vor vielen tausend Jahren fingen die Menschen an, wild lebende Tiere zu domestizieren und sie als Haustiere zu halten. Sie lieferten, wie auch heute noch, Fleisch, Milch, Felle und sonstige Tierprodukte. Die Tiere veränderten sich im Laufe der Zeit, wobei dabei auch die Menschen mitwirkten. Sie züchteten Tiere mit besonderen Eigenschaften. Es entstanden so zum Beispiel fettere Schweine, Kühe, die mehr Milch geben und mehr Fleisch ansetzen, besonders schnelle und ausdauernde Pferde oder Schafe mit sehr dichter, weicher Wolle.

Auf einem ökologisch geführten Bauernhof leben heute verschiedene Nutz- und Streicheltiere. Es gibt Säugetiere (Rind, Schaf, Schwein, Ziege, Kaninchen), Vögel (Hühner, Gänse, Enten) und manchmal auch Insekten (Bienen). Im Folgenden werden am Beispiel ausgewählter Bauernhoftiere kurze Sachinformationen zu Aussehen, Fortbewegung, Fortpflanzung, Nahrung, Haltung und Nutzen für den Menschen gegeben.

Diese Texte dienen zum einen als Hintergrundinformation für Lehrerinnen und Lehrer und zum anderen zur Herstellung von Informationskarten für die Kinder.

Das Hausrind

Das Hausrind (Stamm: Wirbeltiere, Klasse: Säugetiere, Ordnung: Paarhufer, Familie: Wiederkäuer, Art: Hausrind) gehört zu den ältesten und wichtigsten Haustieren des Menschen. Es stammt vom Auerochsen, auch Ur genannt, ab. Vor vielen tausend Jahren hat der Mensch das Rind gezähmt und seitdem viele verschiedene Rinderrassen gezüchtet, z. B. Schwarzbunte, Harzer Rotvieh, Schottisches Hochlandrind.

Bei den Rindern nennt man das geschlechtsreife Männchen Stier oder Bulle. Kastrierte Stiere heißen Ochsen. Das Weibchen heißt Kuh, wenn es schon ein Kalb geboren hat. Sonst spricht man von einer Färse. Die Jungen sind die Kälber.

Aussehen: Rinder haben ein kurzes, weißes, braunes, schwarzes oder braungraues Fell. Sie besitzen einen großen Kopf mit Hörnern. Die Hörner sind hohl und dienen der Verteidigung. Ihren Quastenschwanz benutzen sie, um Fliegen zu vertreiben. Rinder sind vierbeinige Paarhufer. Sie erreichen eine Schulterhöhe von 1,50 m. Kühe können bis zu 800 kg und Bullen mehr als 1000 kg wiegen.

Fortbewegung: Rinder sind Paarhufer. Sie gehen mit vier Beinen jeweils auf zwei Zehen.

Fortpflanzung: Im Frühjahr werden die Mutterkühe von den Bullen besamt. Neun Monate später, also im Winter, wird ein Kalb geboren. Normalerweise verläuft die Geburt einfach: erst Vorderfüße, dann der Kopf und schließlich der Rest des Körpers. Das Fell des jungen Kalbes ist nach der Geburt nass und klebrig. Es wird von der Mutter sauber und trocken geleckt. Danach versucht es gleich hochzukommen und auf eigenen Beinen zu stehen. Es wird von der Mutter 6 bis 8 Wochen gesäugt.

Nahrung: Rinder sind wiederkäuende Pflanzenfresser. Sie fressen Gras, Heu, Klee, Mais oder Rübenschnitzel.

Ein Rind trinkt täglich 50 bis 100 Liter Wasser.

Haltung: Rinder leben bei uns in Mastbetrieben oder auf Bauernhöfen. Dort werden sie auf der Weide und im Winter im Stall gehalten.

Nutzen für den Menschen: Rinder sind für den Menschen sehr nützlich. Sie liefern jährlich 3000 bis 6000 Liter Milch. Aus der Milch kann Butter, Käse, Quark, Sahne oder Joghurt hergestellt werden. Das Fleisch kann direkt gegessen oder zu Wurst verarbeitet werden. Aus der Rinderhaut werden Taschen, Schuhe und Kleidung hergestellt. Das Rinderhorn kann zu Kämmen und Knöpfen verarbeitet werden.

Das Hausschwein

Das Hausschwein (Stamm: Wirbeltiere, Klasse: Säugetiere, Ordnung: Paarhufer, Familie: Schweineartige, Art: Hausschwein) stammt vom Wildschwein ab. Ihm fehlen aber die dicken Borsten des Wildschweins. Vor etwa 5000 Jahren wurde es zum Haustier des Menschen. In Deutschland gibt es heute 45 Millionen Schweine.

Das männliche Schwein heißt Eber, das weibliche Tier Sau, das Junge Ferkel.

Aussehen: Hausschweine haben einen tonnenförmigen Körper, kurze Beine und einen großen Kopf. Ihr kurzes Borstenhaar ist meistens hellrosa bis schmutzig weiß. Sie haben Schlappohren und einen Ringelschwanz. Sie können bis zu 1,10 Meter groß werden und ein Gewicht von 100–300 kg erreichen. Die Nase des Schweins sieht aus wie ein Rüssel.

Fortbewegung: Schweine sind Paarhufer. Sie laufen auf ihrer dritten und vierten Hufzehe. Trotz ihres Gewichts können sie sehr schnell laufen. Im flachen Wasser gehen sie gerne Schwimmen.

Fortpflanzung: Sauen sind im Alter von 7–10 Monaten, Eber im Alter von 4–7 Monaten geschlechtsreif. Vor der Paarung beschnuppern sich beide, hierbei grunzt der Eber. Der Eber springt auf die Sau und sie paaren sich. Die Tragzeit beträgt etwa 3 Monate. Zweimal im Jahr kann eine Sau Ferkel bekommen. Bei der Geburt liegt die Sau in der Seitenlage. Alle 15 Minuten kommt ein Ferkel zu Welt. Es sind durchschnittlich 6–12 Ferkel, die 1,3 kg wiegen.

Nahrung: Schweine sind Allesfresser. Hausschweine fressen Getreide, Mais, Kürbis, Eicheln, Kartoffeln, Rüben oder Speisereste.

Haltung: Hausschweine leben bei uns auf Bauernhöfen oder in großen Mastbetrieben. Einige Ställe sind mit Stroh ausgelegt. Manche Bauern besitzen eine Wiese, auf die sie die Schweine treiben. Schweine sind sehr gesellige Tiere, die gern in Gruppen zusammen leben. Bei Hausschweinen geht die Saugordnung in die Rangordnung über, wenn die Zusammensetzung der Gruppe sich nicht verändert. Ansonsten stehen die älteren, männlichen Tiere an oberster Stelle.

Nutzen für den Menschen: Hausschweine sind ein wichtiger Fleisch- und Fettlieferant. Die Haut wird als Leder für Schuhe, Bekleidung oder für Buchdeckel verwendet.

Das Hausschaf

Das Hausschaf (Stamm: Wirbeltiere, Klasse: Säugetiere, Ordnung: Paarhufer, Familie: Wiederkäuer, Art: Hausschaf) gehört zu den ältesten Haustieren des Menschen. Das ursprüngliche Schaf ist das Mufflon, das heute noch in Wildparks zu finden ist. Seit etwa 6000 Jahren leben Hausschafe in Mitteleuropa.

Das männliche Schaf heißt Bock oder Widder, das weibliche Schaf heißt Schaf, das junge Schaf heißt Lamm.

Aussehen: Das Hausschaf hat einen schlanken Körper mit einem spitzen Kopf. Es sieht nur wegen des Fells so rund aus. Meistens haben Schafe weißes Fell, selten schwarzes. Der Schwanz ist je nach Rasse behaart oder unbehaart. Hausschafe haben kräftige Beine. Sie können zwischen 75 und 200 kg wiegen.

Fortpflanzung: Im Herbst findet die Deckung der Schafe statt. Der Widder bespringt das Schaf und sie paaren sich. Nach fünf Monaten, meistens zur Osterzeit, werden bis zu fünf Lämmer geboren. Zunächst trinken sie am Euter der Mutter, aber schon nach drei Wochen zupfen sie auch Gras.

Nahrung: Schafe sind Pflanzenfresser. Sie lieben harte Gräser, Raps, Rüben oder Mais.

Haltung: Schafe leben in einer Herde zusammen. Sie sind sehr genügsame Tiere. Einige Schafherden ziehen zusammen mit Schäfer und Schäferhund von Weideplatz zu Weideplatz. In Deutschland halten nur einige Bauern Schafe. Sie können fast das ganze Jahr über auf der Weide leben. Nur im Winter werden sie in einem Laufstall gehalten.

Nutzen für den Menschen: In Deutschland werden Schafe vor allem zur Landschaftspflege eingesetzt. Ohne die Schafe würden Grünflächen versteppen und verwalden. Sie fressen von allen Pflanzen die Spitzen ab und beschneiden sie so auf natürliche Weise. Schafe reißen beim Fressen keine Wurzeln heraus. Sie sind für den Bauern also ein natürlicher „Rasenmäher".

Zum anderen werden Schafe wegen ihrer Milch, ihrem Fleisch und ihrer Wolle gehalten. Ein Schaf liefert 3 bis 4 kg Wolle pro Schur.

Das Haushuhn

Das Haushuhn (Stamm: Wirbeltiere, Klasse: Vögel, Ordnung: Neukiefervögel, Familie: Hühnervögel, Art: Haushuhn) ist der wichtigste von Menschen gezüchtete Vogel. Es gibt heute ungefähr 150 verschiedene Haushuhnrassen.

Das männliche Tier heißt Hahn, das weibliche Tier Henne und die Tierkinder heißen Küken.

Aussehen: Das Haushuhn ist ein Federtier. Der Hahn hat ein buntes Gefieder und einen langen gebogenen Schwanz mit Federn. Haushühner sind etwa 30 cm groß und können bis zu 6 kg schwer werden. Am Kopf haben Haushühner einen Kamm und einen Kehllappen. Beim Hahn sind Kamm und Kehllappen größer als bei der Henne. Ihr Schnabel ist klein und spitz. Sie haben zwei Beine mit drei bis vier Zehen. Hühner haben kurze Flügel, mit denen sie flattern, aber kaum fliegen können.

Fortpflanzung: Wenn der Hahn sich mit der Henne paart, werden die Eizellen befruchtet. Die Entwicklung des Kükens beginnt aber erst, wenn die Henne das Ei bebrütet. Sie wärmt das Ei mit ihrem Körper und wendet es mehrmals am Tag. Nach 21 Tagen schlüpft das Küken. Es hackt mit dem kleinen Eizahn gegen die Schale, nach und nach entstehen Risse und das Küken zwängt sich heraus. Es ist noch nass und muss trocknen. Bald sieht es aber wie ein flauschiger, gelber Federball aus. Das Küken ist ein Nestflüchter. Es kann sofort sehen, picken, laufen und scharren wie ein großes Huhn.

Nahrung: Hühner fressen am liebsten Körner, Würmer, Maden und Gras. Manchmal kann man auch beobachten, wie Hühner kleine Steinchen aufpicken. Hühner haben keine Zähne, aber einen mit einer lederartigen Haut ausgekleideten Magen. Die Steinchen helfen ihnen beim Zerreiben der harten Körner.

Haltung: Hühner leben auf dem Bauernhof im Stall, in einem Gehege oder laufen – jedoch nur noch selten – frei herum. Die meisten Hühner leben in Mastbetrieben und Legebatterien. Dort stehen sie eng nebeneinander und können sich kaum bewegen. Diese Haltung ist nicht artgerecht.

Nutzen für den Menschen: Hühner sind sehr nützliche Haustiere. Ihre Eier enthalten wertvolles Eiweiß. Aus den Eiern werden viele andere Lebensmittel hergestellt. Das Hühnerfleisch ist mager und leicht verdaulich. Die Federn werden zur Herstellung von Decken und Kissen benutzt.

Vorschläge für den Unterricht

Bevor bei dem – in unserem Beispiel einwöchigen – Aufenthalt auf dem Schulbauernhof eine unmittelbare Begegnung mit den Bauernhoftieren stattfindet, bei der vielfältige praktische und sinnliche Erfahrungen gemacht werden, muss der Besuch in der Schule vorbereitet werden. Bei der Vorbereitung spielen die Erfahrungen der Kinder und die Beschaffung von Büchern und Materialien mit Informationscharakter eine besondere Rolle. Bei der Nachbereitung des Aufenthaltes in der Schule soll das erworbene Wissen durch Gespräche und durch die Auseinandersetzung mit verschiedenen Lernspielen vertieft werden. Eine Ideenkiste mit vielfältigen fächerübergreifenden Aspekten rundet die Vorschläge für den Unterricht ab.

Vorbereitung des Bauernhofbesuchs

- In einem Gespräch können Kinder erzählen, ob sie schon einmal auf einem Bauernhof waren. Kinder, bei denen das zutrifft, können von ihren Erfahrungen berichten. In ländlichen Regionen werden einige Kinder sicher genau von Bauern im Dorf erzählen können.

- In einem zweiten Gespräch können die Kinder die Namen von Bauernhoftieren nennen, die sie schon kennen. Die Namen der Tiere können an
  der Tafel gesammelt und eventuell durch Bilder ergänzt werden.
- Ein Cluster an der Tafel oder auf einem Plakat um das Zentralwort „Bauernhoftiere" oder um ein „Bauernhofbild" herum erstellt, macht deutlich, was die Kinder über Bauernhoftiere wissen und mit diesen Tieren
  bereits erlebt haben.
- Erste Überlegungen können angestellt werden, warum der Bauer diese
  Tiere hält.
- Bei einem gemeinsamen Besuch in der Stadtbücherei können Bücher
  zum Thema „Bauernhoftiere" ausgeliehen oder von zu Hause mitgebracht werden.
- Tiermodelle können mitgebracht und mit Namenskarten versehen werden.

Was Kinder in einer Klasse erzählten (Stichworte):
„Bei meinem Opa bin ich schon einmal Trecker gefahren. Er hat heute nur noch Kühe." –
„Im Kindergarten haben wir schon einmal Ziegen gemolken." – „Ich kenne Kühe,
Schweine, Hühner und Schafe." – „Letzte Woche haben wir bei einem Spaziergang einen
Schäfer mit seiner Schafherde gesehen, der Schäferhund hat alle zusammengehalten." –
„Ich habe zu Hause ein Schaffell, das ist weich und warm." – „In einem Streichelzoo habe
ich schon einmal eine Ziege gestreichelt." – „Ich habe den Film ‚Ein Schweinchen na-
mens Babe' gesehen." – „In der Schweiz sind die Kühe meistens braun. Kühe liegen viel
herum." – „Ich habe an einem Wochenende bei Freunden mal die Hühner gefüttert, der
Hahn war vielleicht doof." – „Manche Hühner werden in Legebatterien gehalten. Meine
Mutter kauft deswegen Eier von frei laufenden Hühnern."

Ablauf des Bauernhofbesuchs

- Es findet zunächst eine Begrüßung durch die Bäuerin und den Bauern
  statt. Diese werden die Kinder während des Aufenthalts bei ihren täglichen Arbeiten begleiten.
- Anschließend werden Verhaltensregeln für den Umgang mit den Tieren,
  im Stall und auf der Weide erklärt und besprochen.
- Ein geführter Rundgang auf dem Schulbauernhof zeigt den Kindern, welche Tiere es hier gibt, wie sie heißen und wo sie „wohnen".
- Aufteilung der Kinder in Kleingruppen und Besprechung des Verlaufs
  der Woche.
- Pflege der Tiere in Gruppen (Kuh, Schwein, Schaf, Huhn) an jedem Vor-
  mittag unter fachlicher Begleitung.
- Beobachtung von Tieren mit Hilfe von gezielten Beobachtungsaufgaben.
- Geräusche von Tieren auf dem Bauernhof aufnehmen.

- Plenum am Nachmittag zur Klärung von Fragen und zur Gestaltung eines Bauernhoftagebuches in Gruppen (Malen, Texte verfassen, dazu in Sachbüchern lesen).
- Mithilfe bei der Produktverwertung (Herstellung von Käse; Waschen, Krempeln und Kämmen von Wolle).

Pflege der Tiere in Kleingruppen

Nach dem Aufstehen begleiten die Kinder den Bauern und die Bäuerin bei ihrer täglichen Arbeit. Dazu werden verschiedene Kleingruppen (Kuh, Schwein, Schaf, Huhn) gebildet. Die Gruppen wechseln jeden Tag, so dass am Ende des Aufenthalts jedes Kind vier verschiedene Bauernhoftiere intensiv kennen gelernt hat. Die Arbeiten, die täglich bei der Pflege anfallen, sind:

- Bereitstellen des Futters
- Begrüßung und Kontaktaufnahme zu den Tieren
- Tierfütterung
- Stall säubern, eventuell ausbessern

Bei der Pflege der Tiere spielt das Melken der Kühe eine besondere Rolle. Dieser Vorgang wird vorher an einem Modellgerät mit künstlichen Zitzen geübt, um den Melkrhythmus herauszubekommen. Allerdings sollte man auch darauf hinweisen, dass auf „normalen" Bauernhöfen meist maschinell gemolken wird.

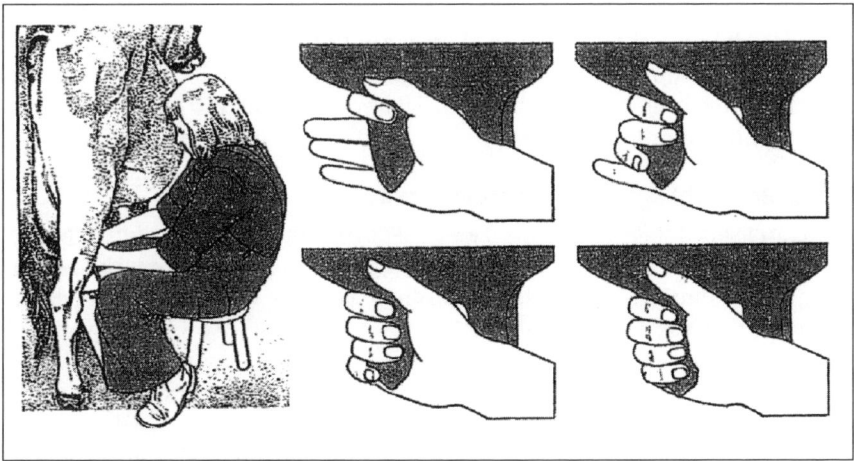

Greiftechnik beim Melken einer Kuh

Die Kühe werden im Kuhstall gemolken. Vor dem Melken macht man die Hände gründlich sauber und trocknet Euter und Hände gut ab. Manchmal ist es auch notwendig, vorher das Hinterteil der Kuh zu säubern, damit beim Melken kein Kot oder Dreck in den Eimer fällt. Die Kuh bekommt nun noch frisch gemähtes Gras, Rüben, Stroh und „Silage". Das ist ein besonders wohlschmeckendes und haltbares Futter. Zum Melken setzt man sich mit einem Schemel an die rechte Seite der Kuh. Der Eimer wird schräg zwischen die Knie geklemmt. Nun greift man die beiden vorderen Zitzen mit den Händen und drückt sie zum Melken oben mit Daumen und Zeigefinger zu. Die Milch kann so nicht aus der Zitze zurück in das Euter laufen. Die anderen Finger drücken nun von oben nach unten nacheinander zu. Das ist gar nicht so einfach. Man muss aufpassen, dass man nicht zu roh zur Kuh ist und den Euter nicht zu stark strapaziert. Die Kuh könnte sonst nicht mehr so melkwillig sein und mit dem Schwanz schlagen.

Beobachtungsaufgaben für die Gruppen

Mit Hilfe der Beobachtungskarten können die Kinder in ihren Kleingruppen gezielte Beobachtungen an Tieren durchführen. Während die Gruppe beobachtet, sollen Notizen, eventuell Zeichnungen und Tonbandaufnahmen von den Tierstimmen gemacht werden. Im Anschluss an die Beobachtungen findet im Plenum eine gemeinsame Vorstellungs- und Fragerunde statt. In Gruppenarbeit werden die Erlebnisse, Beobachtungen und Erfahrungen mit den verschiedenen Bauernhoftieren in einem „Tiertagebuch" festgehalten. Das Buch wird in der Klasse für die Kinder und Eltern ausgestellt. In ihm kann immer wieder gelesen und geblättert werden. Bei der Nachbereitung des Hofaufenthalts kann es ebenso mit herangezogen werden.

Nach den Beobachtungskarten folgt jeweils ein Text, der Informationen zu den Beobachtungen der einzelnen Tiere enthält und die oben vorhandenen Sachinformationen ergänzt.

Zu den Beobachtungen: Kühe auf der Wiese

Kühe müssen viele Stunden am Tag fressen, damit sie satt werden. Sie kauen dabei ununterbrochen. Deswegen werden Kühe auch Wiederkäuer genannt. Sie haben einen ganz besonderen Magen, der ihnen hilft, das schwer verdauliche Gras zu verdauen. Die Kuh schluckt die Nahrung zweimal. Beim ersten Mal schluckt sie das abgerupfte Gras. Dann würgt sie den Grasbrei in Portionen wieder hinauf ins Maul und kaut noch einmal. Erst wenn das Gras gründlich durchgekaut ist, wird es geschluckt und verdaut. Beim Wiederkäuen liegen die Kühe oft auf der Wiese. Sie haben dieses Verhalten von ihren wilden Vorfahren. Die mussten immer mit Raubtieren rechnen.

Beobachtungskarte 1:
Kühe auf der Weide

1. Du brauchst: einen Block mit Schreibunterlage, deine Federtasche und etwas Geduld
2. Setze dich an einen Platz beim Weidezaun, von dem aus du die Kühe gut beobachten kannst.
3. Mache dir Notizen zu jeder Beobachtung. Du kannst auch eine Zeichnung machen.
4. Was tun die Kühe auf der Weide?
5. Was macht eine Kuh, die auf der Weide liegt? Schau dir besonders ihren Kopf an!
6. Beobachte eine Kuh beim Aufstehen. Mit welchen Beinen steht sie zuerst auf?
7. Wie verhalten sich die Kühe untereinander?

Deswegen haben sie möglichst schnell viel Nahrung gefressen und sind dann zum Schutz in die Wälder gegangen. Dort haben sie in Ruhe ihre Nahrung verdaut. Zwischendurch muss eine Kuh viel trinken, damit ihre Verdauung gut funktioniert. Eine Kuh trinkt 50 bis 100 Liter pro Tag, das ist eine ganze Menge. Deswegen stehen auf der Weide Tränken, die immer wieder nachgefüllt werden müssen.

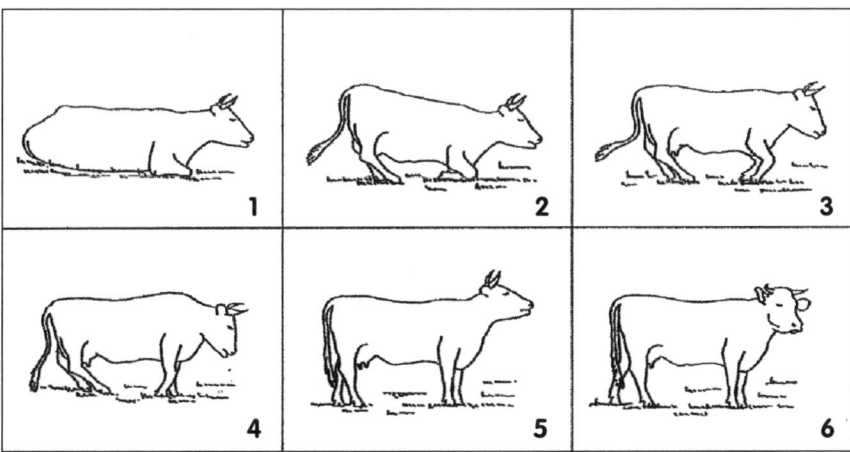

Wie das Rind aufsteht

Beobachtungskarte 2:
Schwein auf der Wiese

Du brauchst: einen Block mit Schreibunterlage, deine Federtasche
und etwas Geduld

1. Setze dich an einen Platz, von dem aus du die Schweine gut beobachten kannst.
2. Mache dir Notizen zu jeder Beobachtung. Du kannst auch eine
   Zeichnung machen.
3. Wie fressen Schweine? Welche Rolle spielt dabei ihre Nase?
4. Welche Laute geben Schweine vorm Fressen und beim Fressen ab?
5. Beobachte ein Schwein, das sich im Schlammloch wälzt.

Zu den Beobachtungen: Schweine auf der Wiese

Schweine haben eine sehr feine Nase. Die Nase des Schweins nennt man
Rüssel. Dieser ist ständig in Bewegung, da das Schwein mit ihm riecht, seine Umgebung abtastet und in der Erde nach Nahrung sucht. Das Wühlen
mit der Nase haben die Hausschweine von ihren Vorfahren, den Wild-
schweinen. Das Wildschwein lebt tagsüber verborgen und nachts durch-
wühlt es mit seinem Rüssel den Waldboden nach Wurzeln, Eicheln, Bucheckern und Kleintieren.

In Frankreich setzt man Schweine sogar zum Suchen von den unter der
Erde wachsenden Trüffelpilzen ein. Früher haben die Bauern die Schweine
in den Wald getrieben, damit sie sich an Bucheckern und Eicheln fett fressen konnten.

Schweine geben verschiedene Laute von sich. Wenn der Bauer mit dem
Futter in den Schweinestall kommt, freuen sich die Schweine. Sie quieken
dabei ganz laut. Geht es den Schweinen gut, fangen sie an zu grunzen.

Schweine sind sehr saubere Tiere. Leider haben sie einen sehr kurzen
Hals. Sie können sich nicht kratzen und sauber lecken. Das Schlammloch ist
ihre Badewanne. Sie wälzen sich im Schlamm, lassen ihn trocknen und
scheuern die Kruste an einem Baum oder Ähnlichem wieder ab. Dabei wird
auch kleines Ungeziefer wie zum Beispiel Läuse und Flöhe entfernt. Im
Sommer suhlen sich die Schweine mehrmals am Tag, da sie sich so ab-
kühlen. Lässt man Schweinen genügend Platz, benutzen sie immer die glei-
che Ecke als Toilette.

Schweine dürfen nur an der Seite des Körpers gestreichelt werden und
niemals von vorne, sie stoßen einen sonst um.

Beobachtungskarte 3:
Schaf auf der Weide

Du brauchst: einen Block mit Schreibunterlage, deine Federtasche und etwas Geduld

1. Mache dir Notizen zu jeder Beobachtung. Du kannst auch eine Zeichnung machen.
2. Beobachte ein Schaf und zeichne es (Gestalt, Fell, Kopf, Ohren, Schwanz, Beine)!
3. Wie fühlt sich das Fell des Schafes an?
4. Wie gehen Schafe?
5. Wie fressen Schafe?

Zu den Beobachtungen: Schafe auf der Weide

Schafe als Paarhufer sind Zehenspitzgänger. Die Hornschuhe an den Zehenspitzen ermöglichen den Schafen das ausdauernde Laufen auf hartem Untergrund. Die Hornschuhe schützen die Zehen beim Springen und Klettern. Auf weichem Weideboden oder im Stall werden die Hornteile nicht ausreichend abgenutzt. Sie müssen beschnitten werden, um Missbildungen oder Klauenkrankheiten vorzubeugen.

Das Schaffell fühlt sich weich, flauschig, dick und ein wenig fettig an. Das dicke Schaffell schützt die Schafe vor Kälte. Einmal im Jahr werden sie geschoren. Das findet meist im Frühjahr statt. Im Sommer haben sie dann kurzes Fell und brauchen nicht zu schwitzen.

Die Lämmer, die im April geboren werden, werden erst geschoren, wenn sie ein halbes Jahr alt sind. Das Scheren tut den Schafen nicht weh. Aber das Schaf hat natürlich Angst. Deswegen blökt und strampelt es und versucht sich zu befreien. Der Bauer muss das Schaf beim Scheren gut festhalten, damit er es nicht verletzt.

Das Schaf rupft das Gras und die Pflanzen ab. Es besitzt nur im Unterkiefer Schneidezähne. Beim Abrupfen von Gras drücken die Zähne gegen die Hornplatte am Oberkiefer. Deswegen können Schafe auch nur die Spitzen der Pflanzen abfressen. Sie beschneiden so auf natürliche Weise die Wiese. In der Lüneburger Heide zum Beispiel verbeißen sie die Heide, junge Birken und Kiefern. So bleiben die Flächen offen; Waldlandschaften können nicht entstehen.

Wie Rinder sind auch Schafe Wiederkäuer. Ihr Kiefer im Mund ist deswegen beim Fressen ständig in Bewegung.

Beobachtungskarte 4:
Hühner im Gehege

Du brauchst: einen Block mit Schreibunterlage, deine Federtasche und etwas Geduld

1. Setze dich zu den Hühnern ins Gehege. Verhalte dich ruhig.
2. Mache dir Notizen zu jeder Beobachtung. Du kannst auch eine Zeichnung machen.
3. Beschreibe das Aussehen von Hahn und Hühnern.
4. Wie verhalten sich die Hühner bei der Nahrungsaufnahme?
5. Wie verhält sich der Hahn?
6. Kannst du beobachten, ob sich die Hühner untereinander verständigen?

Zu den Beobachtungen: Hühner im Gehege

Hähne sind größer als Hennen. Auch ihr Gefieder ist prachtvoller. Sie haben einen größeren Kamm und Kehllappen. Sie unterscheiden sich auch in ihrem Wesen deutlich von Hennen. Sie sind eigenständiger, mutiger, eitler, selbstbewusster und kämpferischer. Der Hahn ist das Leittier. Er ist aber auch gleichzeitig großzügig und aufmerksam gegenüber den Hennen. Bei der Fütterung lässt er den Hennen den Vortritt. Besondere Leckerbissen frisst er nicht selbst, sondern lockt die Hennen zu sich. Bei der Futtersuche scharen sich die Hennen um den Hahn und bleiben immer in seiner Nähe. Der Hahn hält als Leittier die Schar zusammen. Er schützt seine Familie vor Angriffen und Gefahren. Wenn sich mal eine Henne zu weit entfernt, duldet der Hahn das nicht und er ruft sie mit besonderen Locktönen. Hört sie nicht, läuft er zu ihr hin und lockt sie zur Schar zurück. Unter den Hennen herrscht eine strenge Rangordnung. Die ranghöchste Henne hat alle Vorrechte. Sie ist die erste am Futterplatz. Sie darf ungestraft nach allen anderen Hennen hacken. Manchmal beobachtet man ein total zerzaustes und mitgenommenes Huhn. Es ist das Allerletzte in der Rangfolge. Alle Hennen hacken auf ihr herum, und sie darf sich nicht wehren. Meistens müssen solche Hühner heimlich fressen, damit es die anderen nicht mitbekommen.

Hühner sind Herdentiere und verständigen sich untereinander. Sie können nicht nur gackern oder krähen, sondern sehr unterschiedliche Lautsignale geben und: sie haben ein ausgezeichnetes Gehör. Lautes Gackern: Ich habe ein Ei gelegt. Lautes Schreien: Ich habe Angst. Hähne krähen, um ihr Revier kenntlich zu machen, um zu warnen oder zu drohen.

Nachbereitung

In der Schule sollen die unmittelbaren Erfahrungen mit Tieren auf dem Schulbauernhof wieder aufgegriffen und vertieft werden. Die Ideenkiste gibt vielfältige fächerübergreifende Anregungen.

Weitere Ideen zum Thema

- Ein Bauernhofmodell bauen und gestalten (Häuser, Ställe, Weiden, Zäune, Bäume und Pflanzen, Tiermodelle u. Ä.).
- Ein Lieblingstier tuschen, malen oder zeichnen.
- Ein lustiges Bauernhoftier aus Verpackungen basteln und bemalen.
- Skulpturen aus Ton oder Salzteig formen.
- Ein Schaf aus Pappe ausschneiden und mit Schafwolle bekleben.
- Milchprodukte (Joghurt, Milch, Buttermilch, Sahne, Saure Sahne, Käse, Quark) mit geschlossenen Augen riechen und das Produkt feststellen.
- Sprichwörter, Redensarten und Witze über Bauernhoftiere sammeln.
- Tiergymnastik (wie Schweine im Schlamm suhlen, wie Hühner picken und wie Kühe aufstehen) veranstalten.
- Lieder singen: „Old Mc Donald had a farm", „Ich wollt ich wär ein Huhn", „Bitte, gib mir noch ein Zuckerstückchen", „Lauf, mein Pferdchen", „Miau, miau, hörst du mich schreien?"

Materialvorschläge

Material 1: Tiere auf dem Bauernhof

Das Material besteht aus verschiedenen Modellen oder Bildern von Bauernhoftieren (z. B. Kuh, Pferd, Schwein, Huhn, Esel, Schaf, Ziege, Hund, Gans, Ente), Namenskarten und Textkarten zu jeweils einem Tier.

Ziele:
- Kennen lernen verschiedener Bauernhoftiere
- Erweiterung des Wortschatzes
- Selbstständiges Erlesen der Tiernamen (1. und 2. Klasse)
- Selbstständiges Erlesen der Tiernamen und der Textkarten zu jeweils einem Tier
- Einüben der Schreibweise von Tiernamen

Herstellung und Beschaffung:
- Es gibt Bauernhoftiere von der Firma Schleich. Größe, Form und Gestalt dieser Tiermodelle sind besonders schön.
- Wortkarten und Textkarten in Druck- und/oder Schreibschrift zu den einzelnen Tieren herstellen, auf Tonkarton kleben und laminieren.

Einsatz und Handhabung:
- Tiere aufstellen.
- Erlesen und Zuordnen der Wort- und Textkarten.
- Namen der verschiedenen Tiere abschreiben (1. und 2. Klasse).
- Ein „Tierbuch" mit Bildern, Namen und Kurztexten herstellen.

Material 2: Tierfamilien

Das Material besteht aus Tiermodellen (Kuh, Kalb, Stier/Bulle, Stute, Fohlen, Hengst, Schaf, Lamm, Schafbock/Widder, Schwein, Ferkel, Eber, Huhn, Hahn, Küken, Ziege, Zicklein, Ziegenbock) und Namenskarten sowie drei Leitkarten mit den Wörtern Tiervater, Tiermutter, Tierkind.

Material 2: Tierfamilien

Ziele:
- Kennen lernen verschiedener Tierfamilien auf dem Bauernhof.
- Männliches Tier, weibliches Tier und Tierkind voneinander unterscheiden können.
- Erweiterung des Wortschatzes; genaue Bezeichnung von männlichem Tier, weiblichem Tier und Tierkind kennen lernen.
- Selbstständiges Erlesen der Tiernamen.

Herstellung und Beschaffung:
- Die Tiermodelle von der Firma Schleich sind besonders schön.
- Wortkärtchen in Druck- und/oder Schreibschrift zu den einzelnen Tieren herstellen, auf Tonkarton kleben und laminieren.
- Je eine Karte mit Tiervater, Tiermutter, Tierkind herstellen, auf Tonkarton kleben und laminieren.

Einsatz und Handhabung:
- Auslegen der Leitkarten Tiervater, Tiermutter, Tierkind.
- Ordnen der Tiere zu Tierfamilien.
- Erlesen und Zuordnen der Wortkarten.
- Namen der verschiedenen Tiere abschreiben.
- Herstellung eines Büchleins über Tierfamilien.

Material 3: Das Schwein

Das Material besteht aus
- einer runden Pappscheibe mit dem Bild eines Schweins,
- sechs verschiedenen Anlegestreifen mit den Aufschriften zu den Kategorien „Name und Abstammung", „Aussehen und Merkmale", „Fortpflanzung und Jungtiere", „Essen und Trinken", „Lebensraum und Haltung" und „Tier und Mensch",
- Textkarten zum Anlegen an die Kategorienstreifen mit entsprechenden Informationen.

Ziele:
- Erwerb von detaillierten Informationen zu einem Bauernhoftier
- Selbstständiges Erlesen der Textkarten und Zuordnen an die Anlegestreifen
- Mit Hilfe der verschiedenen Kategorien können die Kinder allein oder in einer Gruppe selbstständig Informationen zu einem anderen Bauernhoftier erarbeiten

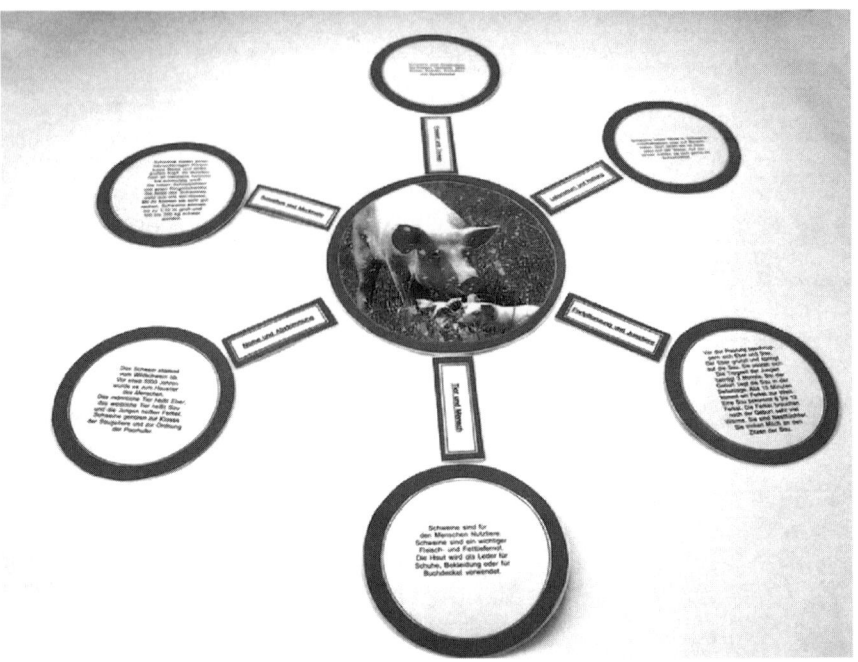

Material 3: Das Schwein

Herstellung und Beschaffung:
- Abbildung eines Schweines auf Tonkarton kleben, in Kreisform ausschneiden und laminieren.
- Anlegestreifen mit der Bezeichnung der verschiedenen Kategorien herstellen, auf Tonkarton kleben und laminieren.
- Erstellung von Textkarten zu den einzelnen Kategorien (Als Hilfe zum Schreiben der Texte dienen die oben dargestellten Sachinformationen zu den verschiedenen Bauernhoftieren.).

Einsatz und Handhabung:
- Auslegen des Kreises.
- Sternförmiges Anlegen der Kategorienstreifen an den Kreis.
- Lesen und Zuordnen der Textkarten an die Kategorienstreifen.
- Herstellung eines eigenen Materials zu einem anderen Bauernhoftier mit Hilfe der verschiedenen Kategorien (Als Hilfe können die Informationskarten oder Sachbücher dienen.).

Literatur und Material

Literatur für Lehrerinnen und Lehrer

FISCHER-NAGEL, HEIDEROSE: Auf dem Bauernhof. Unterrichtsmaterial für den Sachunterricht der 3. und 4. Klasse. Donauwörth: Auer 2003.

LEITER, RENATE/AHLERS, HANS-JOACHIM: Tiere im Schullandheim. Kaninchen. Arbeitshilfe Nr. 20.3.2. Hannover: Schulbiologiezentrum 1993.

LEITER, RENATE/AHLERS, HANS-JOACHIM: Tiere im Schullandheim. Pferde. Arbeitshilfe Nr. 20.3.3. Hannover: Schulbiologiezentrum 1995.

LEITER, RENATE/AHLERS, HANS-JOACHIM: Tiere im Schullandheim. Das Schaf. Arbeitshilfe Nr. 20.3.4. Hannover: Schulbiologiezentrum 1994.

SEYMOUR, JOHN: Das große Buch vom Leben auf dem Lande: Ein praktisches Handbuch für Realisten und Träumer. Berlin: Urania 1999.

Bilderbücher/Kinderbücher

EIGNER, ERWIN: Haustiere. (Reihe: Lehrreiche Malbücher) München: Siebert o.J.

FISCHER-NAGEL, HEIDEROSE UND ANDREAS: Unsere Wolle (Reihe: Schau mal). 4. überarb. Aufl., Luzern: Kinderbuchverlag 1995.

HAVARD, CHRISTIAN: Das Huhn (Reihe: Meine erste Tier-Bibliothek). Esslingen: Esslinger 2003.

Institut für die Pädagogik der Naturwissenschaften (IPN): Nina auf dem Bauernhof.

KLEIN, SUSANNE: Mein erstes Wörterbuch. Auf dem Bauernhof. Mannheim: Brockhaus 2000.

WOLFRUM, CHRISTINE/BRÄUNIG, SUSANNE: Haustiere bei uns und anderswo. Stuttgart: Franckh-Kosmos 1993.

Materialien für den Unterricht

Die Haus- und Hoftierkartei (Nr. 0404). Beenen-Lehrmittel, Weseler Str. 22a, 46519 Alpen.

Schleich Produktions- und Handelsges. mbH. Am Limes 69; 73527 Schwäbisch Gmünd (www.schleichtiere.de)

Internetadressen von Schulbauernhöfen

www.lernenaufdembauernhof.de
http://dir.agrar.de

4 Beobachtungen und Versuche mit lebenden Tieren: Die Schnecke

Unter den Kleintieren sind es vor allem die Schnecken, mit denen Kinder im Garten, auf Spielplätzen, am Wegrand, auf Wiesen, unter Gebüschen und Hecken oder auf Spaziergängen im Wald in Berührung kommen. In einer Großstadtschule am Rande der Innenstadt war nach einem Regentag im Mai das Schneckenfieber ausgebrochen, denn am Morgen brachten Kinder verschiedener Schuljahre Mengen von Schnecken in Gläsern mit in die Schule, obwohl das gar nicht vorgesehen war. In einer anderen Schule der gleichen Großstadt machte eine Lehrerin mit ihren Schülerinnen und Schülern auf einem Erkundungsgang an einem schönen Sonnentag die Erfahrung, dass in dem ihr empfohlenen natürlichen Lebensraum von Weinbergschnecken nur leere Gehäuse verschiedener Größen zu finden waren. Dies führte bei einigen Kindern zu der Frage, ob denn Schnecken aus ihren Häusern herauskriechen und später wieder zurückkommen können. In einer anderen Schule war in einem Schulbiologiezentrum die tropische „Große Achatschnecke" für die Haltung im Klassenraum ausgeliehen worden, die keine Jahreszeiten kennt und das ganze Jahr hindurch aktiv ist. Es gibt also verschiedene und unterschiedliche Anlässe, das Interesse der Kinder am Schneckenleben aufzugreifen und Wissen über diese Tierart zu erarbeiten.

Eine vorbereitete Erkundung bei geeignetem Wetter, um die Lebensweise der Schnecken in der Natur zu beobachten und zu dokumentieren, ist zwar sehr wichtig, gibt aber in der Regel nur wenige und situationsbezogene Einblicke in den Lebensablauf der Tiere. Es ist jedenfalls bei einer solchen Erkundung nicht damit zu rechnen, dass auch aktive Schnecken anzutreffen sind. Da aber Land-Gehäuseschnecken wie nur wenige andere Tierarten für eine Langzeitbeobachtung im Klassenzimmer geeignet sind, können Weinbergschnecken, Hain-Bänderschnecken oder Garten-Bänderschnecken für maximal zwei Wochen in die Klasse geholt werden. Die Kinder können dann an biologisch-naturwissenschaftliche Arbeitsweisen herangeführt werden und kleine Versuche mit den Tieren durchführen. Diese

Versuche berücksichtigen den artgerechten Umgang mit Tieren und dienen dem Ziel, Schnecken als Lebewesen besser kennen zu lernen und Achtung vor dem Wunder ihres Lebens zu gewinnen. Es sind keine Versuche, die dem Tierschutzgesetz (vgl. Grundgesetz, Art. 20a, Ergänzung am 1.8.2002) unterliegen. Schnecken übertragen auch keine Krankheiten auf Menschen und lösen bei ihnen auch keine Allergien aus. Jedoch ist bei der Weinbergschnecke Folgendes zu beachten: Ihr Vorkommen ist durch den Schneckenhandel und die chemische Landbewirtschaftung so weit reduziert, dass sie auf der „Roten-Liste-Arten" (JEDICKE 1997) in der Gefährdungsstufe „R potentiell gefährdet" geführt wird. Nach der Bundesartenschutzverordnung darf sie zwar in begrenztem Umfang für den Unterricht gesammelt werden, wenn eine Genehmigung der Naturschutzbehörde eingeholt worden ist. Diese hängt von der jeweiligen Landesartenschutzverordnung und dem regional unterschiedlichen Vorkommen der Weinbergschnecke ab.

Unterrichtsziele

* Verfahren der Beobachtung und der artgemäßen Pflege von lebenden Schnecken des einheimischen Lebensraumes im Unterricht kennen lernen.
* Durch die Realbegegnung und Beschäftigung mit lebenden Schnecken im Unterricht ein positives Verhältnis zu dieser Tierart und ein besseres Verständnis für Tiere als Teil der Mitwelt des Menschen entwickeln.
* Über „geschützte Tiere", die „Rote-Liste-Arten" und geltende Naturschutzbestimmungen kindgemäß informiert werden.
* Verschiedene einheimische Schneckenarten kennen und durch bestimmte Merkmale (z. B. Gehäuse: Form, Farbe, Größe) unterscheiden lernen.
* Spezielle Beobachtungen zum Verhalten und Versuche zu den Sinnesleistungen von Schnecken durchführen.
* Auf der emotionalen Ebene eventuell vorhandene Ekelgefühle abbauen und verlieren; Geduld beim Beobachten aufbringen; Gespür für den schonenden Umgang mit den kleinen Tieren entwickeln; Verantwortung für die Pflege verlässlich übernehmen; Respekt gegenüber der Tierwelt bekommen.
* Auf der instrumentellen Ebene einfache Verfahren naturwissenschaftlicher Beobachtungen und ihrer Dokumentation durchführen; das Anlegen und den Aufbau von Terrarien kennen lernen; den Umgang mit Lupen lernen.

Sachinformationen

Verwandtschaftsgruppen der Schnecken

Im Tierreich gehören die Schnecken wie die Muscheln und Kopffüßer (Tintenfische) zum Stamm der wirbellosen Weichtiere (Mollusken). Sie lebten schon vor über 550 Millionen Jahren in den Meeren, als das Leben auf dem Festland noch nicht möglich war und haben bis heute alle Naturkatastrophen auf der Erde überlebt. Nach den Insekten bilden die Weichtiere mit etwa 130.000 Arten den zweitgrößten Stamm im Tierreich.

Gemeinsam ist den drei Klassen der Weichtiere, dass ihnen ein inneres Skelett aus Knochen und Knorpel fehlt, das ihrem Körper eine feste Form mit Armen und Beinen geben könnte. Der Körper der Weichtiere besteht aus Kopf, Fuß, Eingeweidesack und einem festen Gehäuse, das den Eingeweidesack umschließt und schützen kann.

In der Klasse der Schnecken (Gastropoda) werden drei große Gruppen unterschieden, deren Zuordnung von ihrem Lebensraum und von ihrer Atmung abhängig ist. Die Land-Lungenschnecken atmen über Lungen und besitzen zwei Paar unterschiedlich lange Fühler; an den Spitzen der beiden längeren Fühler befinden sich die Augen. Im Unterschied hierzu atmen alle Meeresschnecken über Kiemen. Sie besitzen nur ein Paar Fühler; die Augen liegen seitlich daneben an der Außenseite des Kopfes. Zur dritten Gruppe gehören die Süßwasserschnecken mit nur einem Fühlerpaar, von denen einige Arten über Lungen und einige Arten über Kiemen atmen. Die Süßwasser-Lungenschnecken müssen deshalb nach einer gewissen Zeit an die Wasseroberfläche kommen, um ihren in der Atemhöhle gespeicherten Luftvorrat auszutauschen.

Für die Kinder sind in ihrer Umwelt in der Regel die Weinbergschnecke und die Rote Wegschnecke (Nacktschnecke) am auffälligsten. Daneben gehören die Hain-Bänder- und die Garten-Bänderschnecke zu den bekanntesten heimischen Landschneckenarten. Sie zählen zur Ordnung der Land-Lungenschnecken (Stylommatphora). Weinbergschnecken, Hain-Bänderschnecken und Garten-Bänderschnecken gehören zur Familie der Schnirkelschnecken (Helicidae), die durch ein kugeliges Gehäuse gekennzeichnet ist.

Die große Wegschnecke

Die überall in Wäldern, Gebüschen, auf feuchten Wiesen und an Wegrändern sehr häufig vorkommende Große Wegschnecke (Arion rufus; Familie Wegschnecken) ist bis zu 15 cm lang und etwa 2 cm breit. Sie kommt in rötlicher oder braun bis schwarzer Körperfarbe vor. Im Unterschied zu den Gehäuseschnecken ist bei der Nacktschnecke die Schale bis auf winzige Reste so zurückgebildet, dass sie nur noch vorn mit flachem Mantelschild zu sehen ist. Die Atemöffnung befindet sich vor der Mitte des Mantelschildes. Ihr lang gestreckter Körper hinter dem Mantelschild ist in Längsrichtung gerunzelt. Am Kopf sind zwei Paar Fühler. Die Fußsohle ist hellbraun gefärbt. Sie ernährt sich vorwiegend von Pflanzen, frisst aber auch Aas. Die Roten Wegschnecken sind Zwitter.

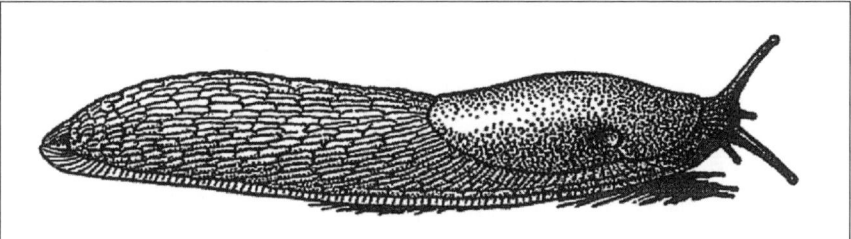

Große Wegschnecke

Die Weinbergschnecke
Die äußere Gestalt

Die Weinbergschnecke (Gattung: Helix; Art: pomatia) ist bei uns die größte beschalte Landschnecke. Sie hat einen Gehäusedurchmesser von etwa 5 cm und eine Länge des Fußes bis zu 9 cm. In die gewundene Kalkschale des Gehäuses kann sich das ganze Tier zurückziehen. An einer kriechenden Weinbergschnecke ist ihre charakteristische Gestalt am besten zu beschreiben: Der sichtbare längliche Körper, der auch als Fuß bezeichnet wird, ist nach hinten abgeflacht, hat in der Mitte das spiralgewundene Gehäuse und am vorderen Ende den Kopf mit der Mundöffnung und den beiden Fühlerpaaren (Tentakelpaaren). Auf den beiden großen nach oben gerichteten Tentakeln sitzen die punktförmigen Augen. An der Übergangsstelle zwischen Kopf und Körper liegt auf der rechten Seite die Geschlechtsöffnung. Zur äußeren Gestalt gehören auch die Enddarmöffnung und das Atemloch. Die Oberfläche des Körpers zeigt unregelmäßige Rinnenbildungen. Die Unterseite des Körpers, die glatt ist, wird als Fußsohle bezeichnet. Auf ihr kriecht das Tier vorwärts. Dabei spielt der Schleim eine große Rolle.

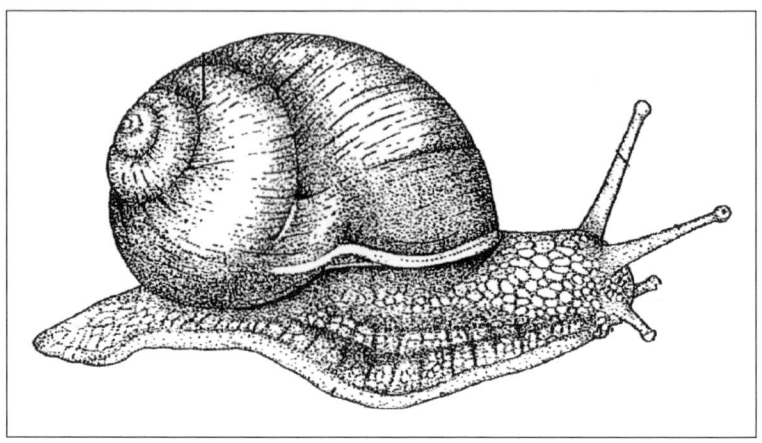

Die Weinbergschnecke

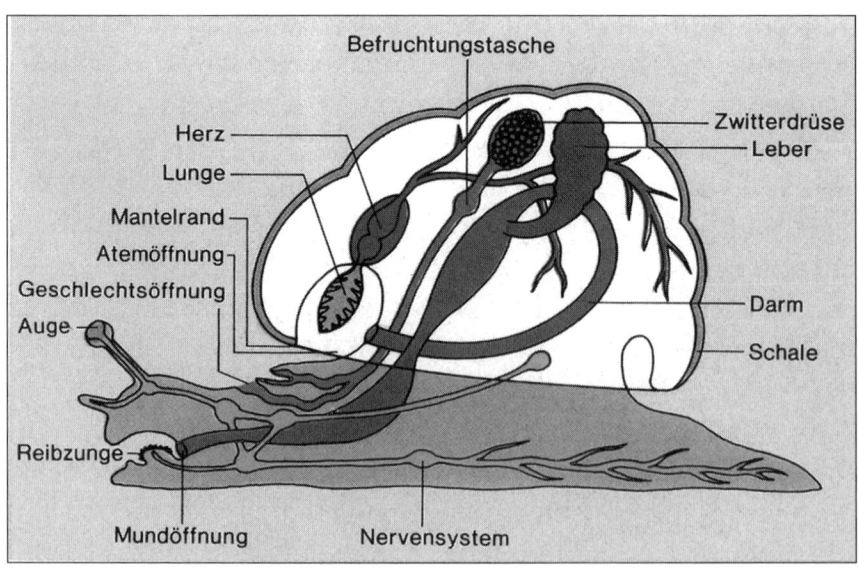

Querschnitt der Weinbergschnecke

Die inneren Organe des Eingeweidesacks im Gehäuse

In der gewundenen Kalkschale des Gehäuses, von außen nicht sichtbar, liegen die inneren Organe des Eingeweidesacks spiralförmig verborgen. Der Körper ist innen im Schneckenhaus festgewachsen. Zu den inneren Organen gehören: Nervenring (Gehirn), Schlund, Magen, Speicheldrüse, Enddarm, After, Herz, Nieren, Lunge (Mantelwand), Atemöffnung, Ausführungsgang der Geschlechtsorgane, Mantelhöhle. Der Eingeweidesack schließt am Gehäuserand mit dem so genannten Mantel ab. In diesem Mantel befinden sich zwei Öffnungen: die Enddarmmündung und das Atemloch. Schnecken atmen nicht durch den Mund, sondern durch ein Atemloch am Gehäuserand. Das Atemloch führt durch die Mantelhöhle hinein in das Atmungsorgan der so genannten Lunge. Auf den Funktionszusammenhang der inneren Organe wird hier nicht näher eingegangen.

Die Fortbewegung der Schnecke und die Funktionen des Schleims

Mit den beiden oberen Fühlern, an denen die winzig kleinen Augen sitzen, versucht die Schnecke zu erkennen, wohin sie kriecht. Mit den kleineren unteren Fühlern berührt sie den Boden oder die Nahrung und orientiert sich so an dem Geruch. Auf dem lang gestreckten Fuß und seiner Kriechsohle gleiten die Tiere langsam dahin. Um vorwärts zu kommen, schiebt die Schnecke den Kopf voran und zieht den Körper langsam hinterher. Das Gleiten wird durch einen von den Fußdrüsen ausgeschiedenen Schleim und durch wellenartige Muskelbewegungen unterstützt. Zur Fortbewegung wird während des ganzen Kriechvorgangs von den Fußdrüsen ein zusammenhängendes Schleimband abgegeben, dessen Spuren meist deutlich zu sehen sind. Dadurch ist die Schnecke von der Beschaffenheit des Untergrundes weitgehend unabhängig. Durch ihren klebrigen Schleim kann sie sogar an Pflanzen und Steinen hochklettern und sich kopfüber hängen lassen, ohne herunterzufallen.

Beim Berühren einer Landschnecke stellt man fest, dass nicht nur ihre Fußsohlenfläche, sondern auch ihr ganzer Körper mit einem schleimigen Überzug versehen ist. Der Schleim wird von Drüsen erzeugt, die in großer Zahl über die ganze Körperoberfläche verteilt sind. Die lebensnotwendige Bedeutung besteht darin, dass der aus den Drüsen austretende, zunächst wasserarme Schleim große Mengen von Wasser aufnehmen kann und sich damit zu einer gallertartigen Masse verbindet. Schnecken sind deshalb meist in feuchten Lebensräumen angesiedelt und eher bei feuchtem Wetter oder in der Nacht aktiv. Im Vergleich zu ihrer großen Wasseraufnahmekapazität verfügen sie über die lebenserhaltende Fähigkeit, Wasser nur sehr langsam wieder an die Umwelt abzugeben.

Schutz vor Austrocknung und Sommerruhe

Durch den hohen Wassergehalt des Schleims ist die Schnecke von einer
Feuchtigkeitsumhüllung umgeben, die längere Zeit stabil bleibt. Bei hohen
Temperaturen und geringer Boden- und Luftfeuchtigkeit kann sie zwar
durch die Veränderung der Oberflächenstruktur ihrer Körperhaut die Gefahr der Verdunstung mildern, jedoch ist sie wegen der ungeschützten weichen Oberfläche ihres Körpers nicht ganz vor Austrocknung bewahrt. Zur
Überbrückung von Trockenperioden im Sommer sind die Tiere zunächst
nur noch in den Morgen-, Abend- oder Nachtstunden aktiv, bevor sie sich
an einem schattigen Platz ganz in ihr Schneckenhaus zurückziehen. Sie
versuchen sich dann vor der Austrocknung zu schützen, indem sie die Öffnung ihres Gehäuses mit mehreren Schleimhäuten schließen. In einer solchen Sommerruhephase ist die Schnecke im Zustand der Trockenstarre.

Die Ernährung

Fast alle Landschnecken sind Pflanzenfresser. Die Weinbergschnecken bevorzugen zarte frische Grünpflanzen und saftige Früchte. Wenn frische
Pflanzen und Früchte fehlen – und nur dann –, begnügen sie sich auch mit
welken und vermodernden Pflanzen und Blättern. Es gibt für Schnecken
keine besonders bevorzugten Pflanzenarten. Die Wahl der Pflanzen- und
Früchtearten hängt vom Angebot im jeweiligen Lebensraum ab.

Die Schnecken haben zur Nahrungsaufnahme eine Mundhöhle mit einer
Zunge, die mit Tausenden von kleinen Zähnchen besetzt ist. Die Zahnspit-
zen sind nach hinten gerichtet, sodass die Zunge wie eine Reibe aussieht
(Radula). Beim Fressen schiebt sich die Radula etwas aus der Mundöffnung
heraus, hakt die pflanzliche Nahrung an und drückt sie in der Mundhöhle
gegen den unbeweglichen Kiefer. Dabei bewegt die Schnecke den Kopf in
halbkreisförmigen Pendelbewegungen hin und her, sodass sie sich in die
Nahrung, z. B. in ein Blatt, richtig hineinfräst. Indem die Zähnchen die Nahrung gegen den Kiefer pressen, werden die Teilchen der Nahrung abge-
schnitten und von der Radula in den hinteren Mundraum zur Verdauung
weitertransportiert. Da die Zähnchen auf der Zunge beim Fressen stark abgenutzt werden, wachsen von hinten ständig neue Zähnchen nach, durch
die der funktionslos gewordene vordere Teil der Radula abgestoßen wird.

Die Vermehrung

Die Weinbergschnecken sind Zwitter. Die Begattungszeit liegt in der Regel
in den Monaten Mai bis Juli, vorwiegend in der ersten Junihälfte. Bei ihrer
Paarung betasten sich die beiden Partner, indem sie sich mit den Kriech-
sohlen senkrecht aneinander aufrichten. Nach dem längeren Liebesspiel

kommt aus der vorn rechts hinter dem Kopf liegenden Geschlechtsöffnung das Begattungsorgan (der „Liebespfeil") wie ein einige Millimeter langer Finger und führt damit den Samen in die Geschlechtsöffnung des Partners. Nach diesem Akt kann es sein, dass die Partner die Rollen tauschen und nun wechselnde Begattungsversuche erfolgen. Etwa vier bis sechs Wochen nach der Paarung beginnen die Schnecken mit der Eiablage. Sie erfolgt häufig in der Zeit zwischen dem 15. Juni und dem 15. Juli, kann aber auch davor oder danach stattfinden. Normalerweise graben die Tiere mit ihrem Fuß eine Erdhöhle in einen nicht zu harten Boden bis in eine Tiefe von 4 bis 6 cm, aus. Beim Graben schaut noch ein Teil ihres Gehäuses hervor. In diesen Hohlraum mit einem Durchmesser von etwa 5 cm legt die Schnecke in Abständen nacheinander etwa 40 bis 60 weiße erbsengroße Eier und deckt sie anschließend mit weicher Erde zu.

Nach 3 bis 4 Wochen kommen die kleinen Tierchen aus der Erde heraus und müssen sich gleich selbstständig ihre Nahrung suchen. Bei einem jungen Tier besteht das Gehäuse zunächst nur aus zwei Umgängen, an die am Rand der Mündung zur Vergrößerung weitere Zuwachsringe angelegt werden. Im Jahr nach der zweiten oder dritten Überwinterung werden sie geschlechtsreif. Eine erwachsene Schnecke hat dann ein bräunlich gefärbtes Gehäuse mit fünf Umgängen angelegt, in die sie sich bei Gefahr zurückziehen kann. Die Land-Gehäuseschnecken bevorzugen kalkreiche, feuchte und schattige Lebensräume.

Winterruhe und Winterstarre

Wenn die kalte Jahreszeit beginnt und die Temperaturen etwa +8 ° betragen, werden die Schnecken fressunlustig. Je nach Gegend und Klimaverhältnissen beginnen die Weinbergschnecken im September/Oktober damit, ihren letzten Kot auszuscheiden und sich einen geeigneten Platz für die Überwinterung zu suchen. Ähnlich wie bei den Bruthöhlen gräbt sich die Schnecke mit ihrem Fuß in den Boden ein und schließt ihr Gehäuse mit einem 1 mm starken, luftdurchlässigen Kalkdeckel. Bevor sie in die Winterstarre verfällt, zieht sie sich tief in ihr Gehäuse zurück und legt zwischen sich und dem Kalkdeckel weitere Zwischenwände aus Haut an, die eine weitere Kälteisolierung darstellen. Im anschließenden Frühjahr, wenn nach drei bis vier Monaten Winterruhe ausreichende Wärme und Feuchtigkeit meist nach einem warmen Regen die Witterungsverhältnisse wieder bestimmen, drückt die Schnecke den Kalkdeckel an ihrem Gehäuserand auf, schiebt sich in wenigen Minuten aus dem Gehäuse heraus und beginnt bald darauf mit der Nahrungsaufnahme. Dabei ist sie auf die ersten Pflänzchen in ihrem Lebensraum angewiesen.

Alter und Feinde der Weinbergschnecke

Weinbergschnecken können in der freien Natur ein Alter von fünf bis sieben Jahren erreichen. Ihr Leben wird jedoch durch Feinde in der Tierwelt und durch den Menschen bedroht. Obwohl sich die Schnecken in ihr Gehäuse zurückziehen können und durch schleimige Schaumbläschen zu verteidigen versuchen, werden sie von Igeln, Dachsen, Spitzmäusen, Maulwürfen, Blindschleichen, Eidechsen und Kröten gefressen. Auch Krähen, Spechte und Drosseln machen Jagd auf sie. Igeln fällt es zum Beispiel leicht, das Schneckenhaus mit ihren spitzen Zähnen zu knacken.

Da Schnecken in Gärten gern Grünpflanzen wie Salat, Gemüse und Kräuter fressen, sind sie bei Menschen sehr unbeliebt. Manche Gartenliebhaber haben sich vielfältige Methoden ausgedacht, um die Schnecken zu töten. Oft wird auch das aus einer chemischen Substanz bestehende Schneckenkorn ausgelegt. Es tötet aber meist nicht nur die Schnecken, sondern ist auch für Vögel, Hunde, Katzen, Igel und andere Tiere lebensgefährlich. Stattdessen: Schnecken per Hand einsammeln und auf eine Wiese bringen.

Vorschläge für den Unterricht

Mögliche Einstiege

Wie in der Einleitung schon angedeutet, gibt es verschiedene Möglichkeiten zum Einstieg in den Themenbereich. Folgende Beispiele aus der Praxis dienen der weiteren Anregung:

- Bei einem Monatsgang zu Veränderungen in der Natur im Mai/Juni auch auf Schnecken achten, die zum natürlichen Anlass für die Erarbeitung im Unterricht werden sollen.
- Gezielter und vorbereiteter Erkundungsgang zu Lebensräumen in der Natur, in denen erfahrungsgemäß Schnecken leben, um diese Tiere in ihrer natürlichen Lebensweise zu beobachten und zu dokumentieren (Fotos, Beschreibung).
- Leere Gehäuse und Bilder von Schnecken im Sitzkreis als Gesprächsanlass ausbreiten, um die Vorerfahrungen der Kinder mit Schnecken kennen zu lernen. Ein leeres Gehäuse kann dabei als „Erzählstein" verwendet werden.
- Ein Cluster an der Tafel oder auf einem Plakat um das Zentralwort „Schnecken" oder um ein „Schneckenbild" herum erstellt, zeigt, was die Kinder über Schnecken schon wissen und mit diesen Tieren bereits erlebt haben.

Was Kinder in einer Klasse erzählten (Stichworte): Schneckenplage im Garten; Schneckengift und Schneckenfallen zum Töten; Nachbarin wirft Hände voll Schnecken im hohen Bogen über die Straße; im Restaurant gibt es Weinbergschnecken zu essen; Schnecken können über Rasierklingen kriechen; Schnecken kommen bei Regen; es gibt Schnecken mit und ohne Gehäuse; Nacktschnecken sind ekelig; Schnecken können sich in ihr Gehäuse zurückziehen; das Alter erkennt man an der Größe der Schnecke; Schnecken sehen mit ihren Fühlern.

Im Folgenden werden Vorschläge für eine weitere Bearbeitung des Themas im Unterricht gemacht, die aus konkreten Erfahrungen resultieren.

Vor- oder Nachbereitung eines Erkundungsgangs: Verschiedene Schneckenarten und ihre Gehäuse

Materialien/Medien: Gesammelte leere Schneckengehäuse; Lupe; Laubsäge; Bildkarten, Namenskarten und kurze Informationskarten zu jeweils einer Schneckenart; Nachschlagewerke, Bestimmungsbücher, Bilderbücher

An dieser Stelle der Unterrichtseinheit sollte im Unterricht noch nicht mit lebenden Schnecken gearbeitet werden. Vielmehr sollen die Feinheit des Gehäuses und Bilder unterschiedlicher Schneckenarten mit Namen im Mittelpunkt stehen.

Vier Schneckenarten

Die abgebildete Weinbergschnecke, Garten-Bänderschnecke, Hain-Bänderschnecke und Große Wegschnecke sind den Kindern vielleicht schon bekannt, obwohl sie in der Regel die Namen der Tiere und Unterscheidungskriterien noch nicht kennen. In einem ersten Schritt können im Sitzkreis für alle sichtbar den Bildkarten leere Gehäuse (falls vorhanden) und Namenskarten zugeordnet werden. Ästhetisch sehr ansprechend sieht auch die Aneinanderreihung von Schneckenhäusern z. B. der Weinbergschnecke von Groß nach Klein aus.

Dieser Einstieg kann zu einem Unterrichtsgespräch führen, in dem die Kinder sich über ihr Wissen und ihre Erlebnisse mit Schnecken austauschen.

Folgende Fragen und Aufträge können zur weiteren Arbeit anregen:
- Welche Schneckenarten können wir bei feuchtem Wetter in der freien Natur unserer Umgebung finden?
- Leere Landschneckengehäuse unter bodendeckenden Pflanzen, unter Gebüsch und unter Laub, an Abbruchkanten und Hängen oder unter umgestürzten Bäumen entdecken und sammeln. Darauf achten, dass sie auch tatsächlich leer sind, denn manchmal verkriechen sich Kleinlebewesen (z. B. Spinnen, Insekten) darin.
- Leere und gesäuberte Landschneckengehäuse ohne Beschädigungen miteinander vergleichen und nach verschiedenen Gesichtspunkten (Schneckenart, Gehäusegröße, Gehäuseform, Gehäusefarbe und Oberfläche) gruppieren. Unbeschädigte Leergehäuse stammen von natürlich verstorbenen Schnecken.
- Erfahren, dass Schneckengehäuse aus Kalk bestehen und durch säurehaltige Flüssigkeiten (z. B. sauren Regen) gefährdet sind. Versuch: Lege ein leeres Schneckengehäuse in ein Glas mit Essig. Was beobachtest du? Die Säure des Essigs löst Kalk.
- Feststellen, wie ein leeres Gehäuse von innen aussieht. Aufgabe: Ein stabiles leeres Schneckengehäuse mit der Laubsäge längs halbieren oder vorsichtig mit Schmirgelpapier bearbeiten, bis du hineinschauen und die Windungen sehen kannst. Wie ist das Gehäuse konstruiert?
- Lege eine Sammlung mit leeren beschädigten Schneckengehäusen an. Die Beschädigungen sind meist Spuren von Schneckenfeinden. Sie gehen z. B. auf Igel, Elstern, Krähen, Meisen oder Mäuse zurück. Zahlreiche Gehäusereste neben einem Stein sind das Ergebnis von Singdrosseln, die das Gehäuse an dem Stein zerschlagen, um an das Fleisch zu kommen.
- Sich in Bestimmungsbüchern und Nachschlagewerken über die verschiedenen Schneckenarten informieren und dazu Bild-, Namens- und Informationskarten mit kurzen Texten herstellen.

- Lieblingsgehäuse farbig zeichnen (genaue Auseinandersetzung mit der Feinstruktur des Gehäuses und Entwicklung eines Gefühls für die Zerbrechlichkeit des Materials) und die Zeichnungen den anderen Kindern erläutern.
- Eine Schneckengehäuse-Ausstellung machen (Gehäuse, Zeichnungen, Name der Schnecke, Kurzinformation zur Schneckenart).

Nach diesem intensiven Kennenlernen der Leergehäuse von Landschnecken sowie der Bilder und Namen konzentriert sich der nächste Schritt auf die Einrichtung eines Terrariums, bevor die Arbeit mit lebenden Schnecken beginnt.

Vorbereitung des Beobachtens und Experimentierens im Klassenraum

Wenn Gehäuseschnecken aus ihrem Lebensraum in der Natur in die Schule geholt oder mitgebracht werden, um sie im Unterricht zu beobachten und Versuche zu ihrem Verhalten und zu ihren Sinnesleistungen zu machen, muss darauf geachtet werden, dass die verwendeten Tiere nicht geschädigt werden.

Ein Terrarium ist deshalb so einzurichten und zu pflegen, dass die natürlichen Lebensverhältnisse in ihm nachgeahmt werden.

Einrichtung des Schneckenterrariums

Becken: Ein Aquarium aus durchsichtigem Glas oder Plastik; Raumbedarf etwa 2 Liter je Schnecke; Größe: Boden ca. 25 x 35 cm, Höhe: ca. 30 – 35 cm für etwa 10 Gehäuseschnecken. Werden für die Beobachtungs- und Experimentierarbeit der Kinder mehr Schnecken benötigt, müssen mehrere Aquarien eingerichtet werden.

Abdeckung: Deckel aus Fliegendrahtgitter oder Gardinenstoff; Klebeband zur Befestigung der Abdeckung, damit auch kleine Schnecken nicht herauskriechen können. Beschwerung der Abdeckung mit einer schmaleren Glasplatte, damit neben dem guten Luftaustausch die Luft innen länger feucht bleibt.

Boden: Etwa 10 cm dicke Bodenschicht, bestehend aus Kies mit kalkhaltigem Sand gemischt für die untere Bodenschicht, darüber Rasenstücke mit lockerer feuchter Erde, am besten mit einem Spaten abgestochen. Besser ist jedoch Boden von der Fundstelle der Schnecken. Hinzu kommen darauf Moos, altes Laub, Kletterzweige und flache Holzstücke als Versteck.

Für die Luftbefeuchtung: Wasserzerstäuber bzw. Blumenspritze und Blumengießkanne.

Haltung und Pflege

Schneckentransport: Die Schnecken nie am Gehäuse greifen und hochziehen, da sie sich auf der Unterlage festzuziehen versuchen und das feine Gehäuse durch starkes Anfassen beschädigt werden kann. Besser ist es, einen Finger vorsichtig vorn unter die Sohle zu schieben und die Schnecke langsam vom Untergrund zu lösen. Statt des Fingers kann auch ein flaches Holzstäbchen (Spachtel vom Zahnarzt oder Eisstäbchen) helfen. Das Gehäuse ist immer vor Stoß und Fall zu schützen, denn durch Risse in ihm muss die Schnecke meist sterben.

Länge der Haltung: Obwohl Schnecken in Gefangenschaft bei guter Pflege länger leben als in der freien Natur, sollten sie in der Schule nicht länger als zwei Wochen gehalten und dann wieder an ihren Fundort zurückgebracht werden.

Futter: Die Land-Gehäuseschnecken müssen regelmäßig gefüttert werden. In der Natur ernähren sie sich von saftigen Pflanzen, Pilzen, Blüten, Früchten und Knollen. Im Terrarium lassen sie sich leicht mit Salat, Gurken-, Möhren-, Kartoffel-, Apfel- und Bananenscheiben füttern. Vermieden werden müssen Kohl, Zwiebeln und säurehaltiges Obst wie z. B. Apfelsinen, Mandarinen oder Grapefruits.

Das Futter muss abwechslungsreich sein, wobei Obst nur sparsam gegeben werden soll. Für den Gehäuseaufbau sind Garnelen- und Sepiaschalen aus dem Zoohandel förderlich.

Reinigung: Nur bei größter Sauberkeit bleiben die Schnecken im Terrarium gesund. Deshalb müssen täglich alle Futterreste und schwarzen Ausscheidungen (Kot) entfernt werden. Dazu müssen vorher alle Tiere vorsichtig vom Futter abgesucht werden.

Luftfeuchtigkeit: Das Terrarium sollte an einem schattigen Platz ohne direkte Sonneneinstrahlung stehen. Für die Schnecken muss immer genug Feuchtigkeit vorhanden sein. Deshalb muss ein- bis zweimal täglich mit dem Zerstäuber einer Sprühflasche Wasser in das Innere und auch auf die Schnecken gespritzt werden, damit sie nicht austrocknen. Es darf allerdings auch kein Schlamm im Terrarium entstehen.

Aktivität der Schnecken: In der Natur sind viele Schnecken wegen der Feuchtigkeit erst abends, nachts, morgens in der Frühe oder nach Regen aktiv. Sie sind deshalb im Klassenraum nicht zu jeder Zeit zu Versuchen bereit. Sie müssen dann in Ruhe gelassen werden. Manchmal lassen sie sich durch saftiges Futter oder lauwarmes Sprühwasser locken.

Eigene Sauberkeit: Nach dem Umgang mit den Tieren und der Arbeit mit dem Terrarium darf das gründliche Händewaschen mit Seife nicht vergessen werden.

Wenn die Terrarien eingerichtet und die Regeln für den Umgang mit den Schnecken vereinbart sind, werden die Gehäuseschnecken auf einem Spaziergang gemeinsam gesammelt. Da alle Schnecken zum Leben Feuchtigkeit brauchen, ist der frühe Morgen, wenn der Tau auf den Pflanzen liegt oder es geregnet hat, für das Einsammeln günstig.

Gehäuseschnecken findet man besonders leicht in Gegenden mit kalkreichen Böden unter feuchten, halbschattigen Pflanzenbeständen in Gärten, an Hecken, Wiesen und Wäldern. Zum Transport können Gläser mit durchlöchertem Schraubdeckel, angeklebtem Gardinenstoff oder engmaschigem Drahtgitterdeckel verwendet werden.

Je nach Lage einer Stadtschule, in der entsprechende Lebensräume von Schnecken fehlen, wird es notwendig sein, dass die Lehrerin oder der Lehrer die Schnecken in genügender Anzahl für den Unterricht besorgt. Eventuell können auch Eltern helfen. Das Sammeln kann in Großstädten auch über ein Schulbiologiezentrum geschehen.

Beobachtungen und Versuche mit lebenden Schnecken

Im Folgenden machen wir Vorschläge für die weitere Bearbeitung im Unterricht. Die Texte zu den Unterrichtsvorschlägen bestehen zum größten Teil aus Aufgabenkarten und Informationskarten für Schüler, die als Kopiervorlage übernommen oder nach eigenen Vorstellungen verändert werden können.

In den Aufgabenkarten werden auch die benötigten Materialien genannt. Die dort aufgeführten Glasplatten sollten eine Größe von etwa 20 x 20 cm mit abgeschliffenen oder umklebten Kanten haben. Für alle Versuche gilt, die Schnecke nach den Beobachtungen rasch in das Terrarium zurückzusetzen.

Wie sieht die Schnecke aus?
Welche Körperteile hat sie?

Hinweise:

- Zum Beobachten können die Schnecken im Terrarium sein.
- Oder man setzt die Schnecke zur Beobachtung vorsichtig auf eine Glasplatte.
- Zum genaueren Hinsehen kann eine Lupe verwendet werden.
- Das Zeichnen der Schnecke ist eine Hilfe zum Erfassen der Schneckenform und der Körperteile.
- Die Namen der Körperteile zu kennen, ist für die Verständigung der Kinder untereinander in den folgenden Gesprächen wichtig.

Aufgabenkarte 1:
Aussehen und Körperteile der Schnecke

Du brauchst: eine Gehäuseschnecke, eine Glasplatte, eine Lupe, ein weißes Blatt für die Zeichnung

1. Sieh dir den Körper der Schnecke gut an. Du kannst auch eine Lupe benutzen.
2. Zeichne die Schnecke auf eine Karte.
3. Schreibe auf, welche Körperteile du entdeckt hast.
   Schreibe auf, wofür die Schnecke die Körperteile vermutlich nutzt.
4. Sieh dir die Informationskarte 1 an. Vergleiche die Körperteile auf der Zeichnung mit deinen Entdeckungen.

Informationskarte 1:
Aussehen und Körperteile der Schnecke

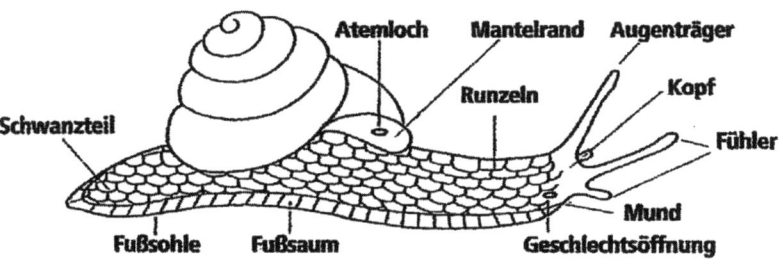

Körperteile: Gehäuse, Fußsohle, Mund, Augenfühler, Augen, Tastfühler, Atemloch, Geschlechtsöffnung

Wie bewegt sich die Schnecke fort? Sie hat doch keine Füße.

Hinweis:
- Es kann auch ein Spiegel auf den Tisch gelegt werden. Auf die Ecken werden dann Holzklötzchen gestellt, auf die eine Glasplatte gelegt wird.
- Jetzt lässt sich die Bewegung der Schnecke im Spiegel beobachten.

Aufgabenkarte 2:
Wie Schnecken kriechen und klettern

Du brauchst: eine Schnecke, eine Glasplatte

1. Setze die Schnecke auf eine Glasplatte und lasse sie kriechen. Beobachte, wie sie sich verhält. Beobachte ihre Kriechsohle. Wenn die Schnecke nicht sofort kriechen will, habe etwas Geduld.
2. Hebe die Glasplatte vorsichtig hoch. Du kannst dann die Schnecke von unten beobachten. Beschreibe, wie sie sich fortbewegt.
3. Du kannst die Glasplatte auch vorsichtig schräg und dann senkrecht halten. Halte deine Hand unter die Schnecke, damit sie nicht herunterfällt. Was stellst du fest?
4. Hebe die Schnecke nun vorsichtig von der Glasplatte ab. Fasse dabei vorsichtig mit einem Finger vorn unter den Schneckenfuß und versuche, die Schnecke vom Untergrund zu lösen. Was siehst du auf der Glasplatte? Setze die Schnecke wieder in das Terrarium.

Informationskarte 2:
Wie Schnecken kriechen und klettern

1. Wenn die Schnecke nicht sofort kriechen will, habe etwas Geduld. Manchmal lässt sie sich mit saftigem Futter oder einem lauwarmen Wassertropfen an der Sohle locken.
2. Der Schneckenfuß ist ein großer Muskel, mit dem sich die Schnecke in wellenförmigen Bewegungen vorwärts bewegt. Um vorwärts zu kommen, schiebt die Schnecke den Kopf voran und zieht den Körper langsam hinterher. Die Schnecke kann nicht rückwärts kriechen.
3. Die schleimige Kriechsohle wirkt wie ein Saugnapf. Die Schnecke kann deshalb auch an steilen Flächen und Gegenständen hochkriechen und fällt nicht herunter.
4. Unterhalb des Mundes hat die Schnecke eine Schleimdrüse. Diese sondert ständig Schleim ab. Die Schnecke kriecht auf diesem Schleimteppich vorwärts. So entsteht beim Kriechen eine Schleimspur.

Hinweis: Das in der Literatur häufig empfohlene Experiment, eine Schnecke über eine Rasierklinge oder ein Messer kriechen zu lassen, sollte nicht nachvollzogen werden. Der Versuch soll beweisen, dass Schnecken wie auf einem Schleimkissen über die Rasierklinge gleiten, ohne sich zu verletzen.

Aufgabenkarte 3:
Wie Schnecken über Hindernisse gelangen

Du brauchst: eine Schnecke, eine Glasplatte, zwei flache Tabletts, lockere Erde, grobes Schmirgelpapier, Kieselsteinchen, Brombeer- oder Rosenzweig, saugfähiges Papier, Rohkostreibe, saftige Gurkenscheibe

1. Lege nebeneinander: ein Tablett mit weicher Erde, grobes Schmirgelpapier, ein Tablett mit Kieselsteinchen. Lass eine Schnecke in zeitlichen Abständen nacheinander darüber kriechen. Was kannst du beobachten? Achte auf die Breite der Kriechsohle.

2. Veranstaltet auf vier Spuren ein Schneckenrennen auf feuchtem Papier, trockenem Papier, Schmirgelpapier und einer Rohkostreibe aus der Küche. Locke die Schnecke mit einer Gurkenscheibe. Wie sieht das Ergebnis aus?

3. Setze eine etwas hungrige Schnecke vor einen stacheligen Brombeer- oder Rosenzweig. Lege eine saftige Gurkenscheibe dahinter. Lasse die Schnecke über den Zweig klettern, um an das Futter zu gelangen. Nicht alle Schnecken folgen dieser Aufforderung. Was kannst du beobachten?

4. Lasse eine Schnecke über deine Hand kriechen. Was fühlst du dabei?

Informationskarte 3:
Wie Schnecken über Hindernisse gelangen

1. Bei der Vorwärtsbewegung einer Schnecke wird der Zustand der Wegstrecken ständig von den beiden kleinen Tastfühlern und von den empfindlichen Mund- und Fußrändern überprüft. Auf rauem Untergrund ist die Schleimspur der Schnecke stärker als auf glattem.

2. Auf feuchtem Papier ist die Schnecke am schnellsten. Auf der Rohkostreibe ist die Schleimspur am dicksten.

3. Die Schnecken, die vorsichtig über die stacheligen Zweige klettern, kommen mit ihrem dichten Schleimpolster über die Stacheln, ohne sich zu verletzen.

4. Die Schnecken kriechen mit einer Schleimspur über die Hand wie über jeden Untergrund. Die Kriechsohle auf der Hand fühlt sich weich und feucht (schleimig) an.
5. Die Aussonderung des Schleims hat auch die Aufgabe, die Kriechsohle vor Verschleiß und die Schnecke vor dem Austrocknen zu bewahren. Bei Bedrohung durch Feinde, zum Beispiel durch Ameisen, schützt sich die Schnecke, indem sie sich mit einer Fülle von Schleimbläschen einschäumt.

Was und wie fressen Schnecken? Haben Schnecken einen Mund?

Um herauszufinden, welches Futter Schnecken am liebsten mögen, muss man sie in einem Experiment vor die Wahl stellen, am besten, wenn sie etwas hungrig sind.

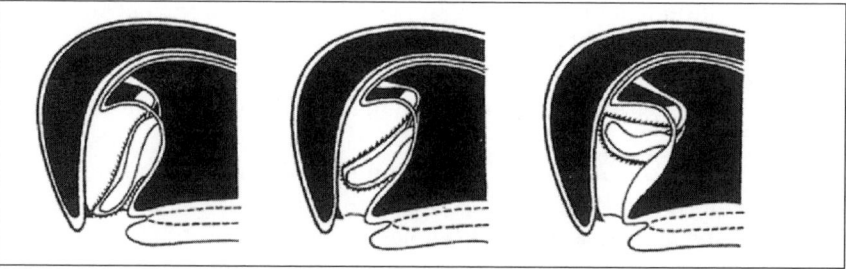

Kopf der Schnecke mit Zunge, vergrößerte Reibeplatte der Zunge

Aufgabenkarte 4:
Was und wie fressen Schnecken?

Du brauchst: eine Schnecke, eine Glasplatte, Salatblatt, Tomatenscheibe, Gurkenscheibe, Möhrenscheibe, Mehlbrei
1. Setze eine etwas hungrige Schnecke auf eine Glasplatte. Biete ihr zunächst ein Salatblatt an.
2. Hebe die Glasplatte hoch und beobachte von unten, wie die Schnecke frisst. Was siehst du?
3. Biete der Schnecke nach einer Fresspause eine Tomatenscheibe und nach einer weiteren Pause eine Gurkenscheibe und danach später eine Möhrenscheibe an. Was frisst die Schnecke am liebsten? Beobachte, sei ganz leise und höre zu, wie die Schnecke frisst.

4. Verrühre auf einem Teller Mehl mit Wasser und etwas Zucker zu einem Brei. Bestreiche die Glasplatte mit dem Mehlbrei und lasse ihn trocknen.

Setze eine etwas hungrige Schnecke auf die Glasplatte mit dem angetrockneten Mehlbrei und lasse sie einige Zeit fressen.

Hebe die Schnecke danach vorsichtig von der Glasplatte ab. Was kannst du jetzt auf der Glasplatte sehen?

5. Bestreiche deinen Handrücken mit dünnem Mehlbrei oder mit Gurkensaft und lasse die Schnecke darüber kriechen. Was fühlst du?

Informationskarte 4:
Was und wie fressen Schnecken

1. Durch den Blick von unten durch die Glasplatte sind die runde Mundöffnung und die dunkle Zunge zu erkennen. Der Kopf geht beim Fressen mit der Zunge hin und her.

2. Schnecken haben keine bestimmte Vorliebe für eine Nahrung. Sie fressen in der Natur saftige Pflanzen, Pilze, Blüten, Früchte und Knollen.

   Die Schnecke hat eine Zunge im Mund, auf der Tausende winziger hakenförmiger Zähnchen sitzen. Mit dieser Zahnreibe raspelt sie die Nahrung ab und zerkleinert sie, bevor die Zunge sie nach hinten in den Mund schiebt. Dieses Abraspeln kannst du gut hören.

3. Wenn du die Schnecke vorsichtig von der Glasplatte abgehoben hast, kannst du ihre Fraßspur genau sehen.

   Die Raspelzunge der Schnecke hat einen schönen Namen. Sie heißt Radula.

4. Wenn du deinen Handrücken mit dünnem Mehlbrei oder Gurkensaft bestrichen hast und die Schnecke den angetrockneten Brei oder Saft von deiner Hand frisst, spürst du, wie die raue Raspelzunge den Brei abkratzt.

Der Geruchs- und Geschmackssinn der Schnecken

Hinweis: Bei der Verwendung von Essig als Versuchsflüssigkeit ist zu beachten, dass der Essig in mindestens fünffacher Verdünnung benutzt wird. Die Schnecke würde sonst zu ihrem Schutz mit einer schäumenden Schleimbildung reagieren.

Aufgabenkarte 5:
Können Schnecken riechen?

Du brauchst: eine Schnecke, eine Glasplatte, Tempotaschentuch, Wattestäbchen, eine süße Frucht (z. B. eine Erdbeere), Parfümprobe, verdünnter Essig, Apfelsaft

Wichtig: Reinige nach jedem Versuch gründlich die Glasplatte!

1. Lege eine süße Frucht (z. B. eine Erdbeere) auf eine saubere Glasplatte. Setze die Schnecke etwas entfernt von der Frucht auf die Glasplatte. Beobachte, was geschieht.
2. Setze eine Schnecke auf eine saubere Glasplatte. Tropfe etwas Parfüm auf ein Tempotaschentuch und lege es vor die Schnecke. Beobachte, was passiert.
3. Setze eine Schnecke auf eine saubere Glasplatte. Tauche ein Wattestäbchen in Essig und ziehe damit einen Halbkreis um die Schnecke, ohne sie zu berühren.
   Beobachte, wie die Schnecke sich verhält.
4. Wiederhole den Versuch mit Apfelsaft.

Informationskarte 5:
Können Schnecken riechen?

1. Auf eine süß riechende Frucht kriecht die Schnecke zu und frisst an ihr, denn sie hat diese gerochen. Die Schnecke hat ein Paar kleine Fühler, auf denen die „Nase" sitzt. Sie kann damit Nahrung riechen und unterscheiden.
2. Ein vor die Schnecke hingelegtes Taschentuch mit einem starken Parfümgeruch führt dazu, dass das Tier sich abwendet und wegkriecht.
3. Wird mit einem Wattestäbchen, das mit verdünntem Essig getränkt ist, im Halbkreis um den Kopf der Schnecke herum ein Kreis mit Essigtropfen gezogen, zieht die Schnecke ihre Fühler ein. Die Schnecke kann die kleinen Tastfühler zum Schutz wie einen Handschuhfinger nach innen ziehen.
4. Bei dem gleichen Versuch mit Apfelsaft leckt die Schnecke die Flüssigkeit auf. Die Schnecken sind durch Tastfühler, Mund und Fußrand in der Lage, verschiedene Nahrungsmittel als süß, bitter oder salzig zu unterscheiden.

Verfügt die Schnecke über einen Licht- und einen Hörsinn?

Aufgabenkarte 6:
Können Schnecken sehen und hören?

Du brauchst: eine Schnecke, einen Schuhkarton mit Deckel, eine Glasplatte

1. Setze eine Schnecke links in einen dunklen Schuhkarton, in dem
   rechts am Kopfende kleinere Löcher gebohrt sind, durch die Licht
   einfällt. Warte einige Zeit und öffne den Deckel des Schuhkartons.
   Wie hat sich die Schnecke verhalten?
2. Setze eine Schnecke auf die Glasplatte und lasse sie unter vollem
   Lampenlicht einige Zeit ungestört sitzen oder kriechen. Halte dann
   plötzlich einen Schuhkartondeckel dicht über sie, sodass sie abge-
   dunkelt im Schatten sitzt. Wie reagiert die Schnecke?
3. Setze eine Schnecke auf die Glasplatte und lasse sie ungestört
   sitzen oder kriechen. Nimm eine kleine Glocke und lasse sie etwa
   5 cm vor der Schnecke erschallen. Wie reagiert die Schnecke?

Informationskarte 6:
Können Schnecken sehen und hören?

1. Sehen: Schnecken kriechen in einem dunklen Schuhkarton, in dem
   am Kopfende Licht durch einige Löcher fällt, an das Kopfende. Also
   haben sie die hellen Löcher gesehen.
   Auf den Spitzen der großen Fühler sitzen die kleinen Augen, mit
   denen sie hell und dunkel unterscheiden und Umrisse erkennen
   können. Aus etwa 7 cm Entfernung können Weinbergschnecken ein
   Hindernis erkennen und diesem ausweichen. Sie können aber keine
   Farben sehen. Bei der Suche nach Nahrung im Dunkeln reagiert die
   Schnecke mit dem Anheben des Vorderkörpers und der Hin- und
   Herbewegung der Augenfühler, um geradlinig weiterzukriechen.
2. Wenn durch den Schuhkartondeckel plötzlich ein dunkler Schatten
   auf die Schnecke fällt, reagiert sie zu ihrem Schutz vor räuberischen
   Feinden mit dem Zurückziehen der Körperteile in das Gehäuse.
3. Hören: Wenn Schnecken mit Geräuschen durch eine Glocke, einen
   Gong oder eine Flöte konfrontiert werden, reagieren sie nicht. Sie
   können nicht hören.

Was bedeuten Sommerruhe und Winterstarre im Leben der Schnecke?

Aufgabenkarte 7:
Wie sich Schnecken vor Hitze und Trockenheit im Sommer
und vor Kälte im Winter schützen

 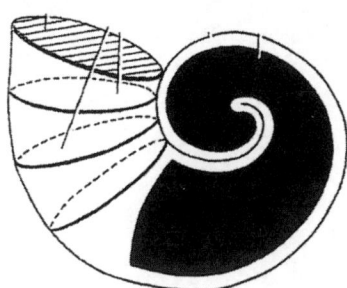

Sieh dir das Foto und die Schemadarstellung der Weinbergschnecke
mit Winterdeckel an und lies dazu auf der Informationskarte 7.

Informationskarte 7:
Wie sich Schnecken vor Hitze und Trockenheit im Sommer
und vor Kälte im Winter schützen

Sommer: Wird im Sommer die Hitze und Trockenheit im Terrarium
einmal zu groß, verschließt die Schnecke ihr Häuschen mit dünnen
Schleimhäuten. Sie will sich damit gegen das Austrocknen schützen.
Das machen Schnecken auch in der Natur. Wird dann nach kurzer
Zeit mit dem Zerstäuber einer Sprühflasche wieder Wasser im Terra-
rium und auf die Schnecke versprüht, kommt sie wieder aus ihrem
Schneckenhaus heraus, um zu fressen.

Winter: Zur Überwinterung gräbt die Schnecke ein Loch in die Erde,
kriecht hinein und zieht sich in ihr Schneckenhaus zurück. Dann ver-
schließt sie es mit einem etwa 1 mm dicken Kalkdeckel, in dem nur
ein kleines Loch zum Atmen bleibt. Die Zeichnung zeigt, wie sich die
Schnecke zur Sicherheit zwischen sich und dem Kalkdeckel noch drei
Zwischenwände aus Schleim angelegt hat. Sie verbringt den ganzen
Winter etwa vier Monate lang im Zustand der Winterstarre, bis sie im
Frühjahr nach einem warmen Regen wieder herauskommt.

Wie sich Schnecken vermehren

Aufgabenkarte 8:
Paarung und Eiablage der Weinbergschnecken

Sieh dir die Fotos von der Paarung und von der Eiablage der Weinbergschnecke an und lies den Text dazu auf der Informationskarte 8.

Informationskarte 8:
Paarung und Eiablage der Weinbergschnecken

Wenn ihr Glück habt, könnt ihr zwischen Mai und Juni in der Natur
oder im Terrarium miterleben, wie sich zwei Schnecken paaren. Die
Schnecke ist ein Zwitter und kann Männchen und Weibchen sein. Das
Foto auf der Aufgabenkarte 8 zeigt die Begattung dieser Zwitter.
Es kommt vor, dass eine begattete Schnecke im Juni oder Juli im Terrarium wie in der Natur mit ihrem Fuß ein Loch in den weichen Boden gräbt und etwa 50 bis 70 erbsengroße weiße Eier hineinlegt. Danach schiebt sie die Erde und Pflanzenreste über die Eier. Nach etwa
vier Wochen kriechen die jungen Schnecken aus dem Boden heraus.
Sie sind noch klein, aber schon ganz fertig. Sie müssen sich dann
selbstständig ihre Nahrung suchen.

Bei der Entleerung des Terrariums vor Beginn der Sommerferien ist darauf
zu achten, ob sich noch gelegte Eier und schon ausgeschlüpfte Jung-
schnecken im Boden befinden. Sie müssen in die Natur gebracht und unter
lockere Erde gelegt werden.

Weitere Ideen zu Schnecken

- **Fantasiereise:** Nimm ein leeres Schneckengehäuse in die Hand, schließe die Augen, verwandle dich in der Fantasie in eine kleine Schnecke, die vom Hauseingang bis in die Spitze in ihr Haus kriecht und dann ihr Haus wie im Sommer oder Winter verschließt.
- **Schneckenwinden:** Stellt euch in einem Kreis auf und fasst euch an den Händen an. Einer der Spieler lässt die Hand des Nachbarn los und geht mit allen nachfolgenden Kindern dicht an den Wartenden innen vorbei, sodass eine Spirale entsteht, die immer enger wird. Anschließend kehrt die Spitze um und windet sich wieder auf.
- **Schnecken aus leicht formbarem Material:** Einen Schneckenkörper mit Schneckenhaus aus Knetmasse, Ton, Modelliermasse oder Fimo durch Rollen, Kneten und Ritzen herstellen.
- **Stein-Schnecke:** Aus kleineren verschiedenfarbigen Steinen auf einem großes Tablett mit Sand eine Schnecke legen. Das Schneckenhaus solltet ihr nacheinander von innen nach außen entwickeln und anschließend den Schneckenkörper darunter legen. Denkt auch an die Fühler aus Holzstäbchen.
  Weitere Anregungen in: GROTHE 1998a, S. 28–29; NABER/LATORRE 2001, S. 24–37.
- Erstellen von Kartensätzen für die individuelle Arbeit
  Auf dem Foto ist der Kartensatz zum Gehäuse zu sehen. In gleicher Wei-

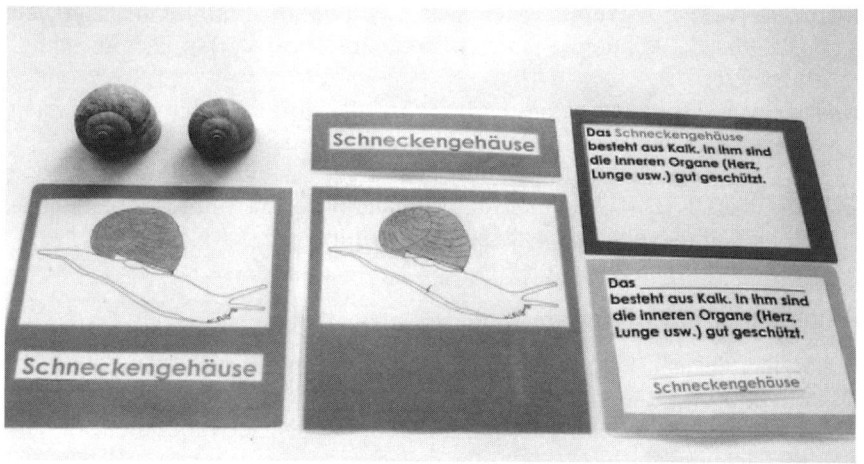

Kartensatz zum Schneckengehäuse

se kann zu jedem Körperteil der Schnecke (z. B. Fühler, Sohle) ein gesonderter Kartensatz erstellt werden. Der entsprechende Körperteil wird dann „rot" markiert.

Literatur

Literatur für Lehrerinnen und Lehrer

BRUNZ, MICHAEL/NOTTBOHM, GERD: Lebenszeichen: Beobachtungen an Schnirkelschnecken (5./6. Schuljahr). In: Lebenswelt Tiere in Haus, Zoo und Park. Materialien für den Sachunterricht. Seelze-Velber: Kallmeyersche Verlagsbuchhandlung o.J., S. 86–93.

GROTHE, RENATE: Einheimische Schnecken. Beobachtung im Freiland und in der Schule. Arbeitshilfe Nr. 15.12. Hannover: Schulbiologiezentrum 3., erweiterte Aufl. 1998a.

GROTHE, RENATE: Die „Große Achatschnecke". Schneckenhaltung in der Schule. Arbeitshilfe Nr. 15.13. Hannover: Schulbiologiezentrum 4. Aufl. 1998b.

JANUS, HORST: Unsere Schnecken und Muscheln. (Kosmos Naturführer) Stuttgart: Franck'sche Verlagshandlung, 4. Aufl. 1973.

JÄCKEL, LISSY/SCHRENK, MARCUS: Die Sache lebt. Biologische Grundlagen im Jahreslauf. Baltmannsweiler: Schneider Verlag Hohengehren 2001, S. 70–74.

KILIAS, RUDOLF: Die Weinbergschnecke. Wittenberg Lutterstadt: Ziemsen Verlag 1985; Westarp: Spektrum Akademischer Verlag, 2., unveränd. Aufl. 1995.

NABER, ANNEROSE/LATORRE, SABINE: Schnecke. Dietzenbach: ALS-Verlag 2001.

PROBST, WILFRIED: Zirkus der Schnecken (1.–4. Schuljahr). In: Lebenswelt Tiere in Haus, Zoo und Park. Materialien für den Sachunterricht. Seelze-Velber: Kallmeyersche Verlagsbuchhandlung o.J., S.81–85.

Bilderbücher/Kinderbücher

BUHOLZER, THERES: Schneckenleben. Luzern: Kinderbuchverlag 1984, 9. Aufl. 2000.

STAROSTA, PAUL: Die Schnecke. Reihe: Meine erste Tier-Bibliothek. Esslingen: Esslinger Verlag 2002.

5 Tiere der Erde: Tiere der Savanne in ihrem natürlichen Lebensraum und im Zoo

Wildtiere, wie zum Beispiel Löwen, Giraffen und Elefanten, üben auf Kinder immer wieder eine große Faszination aus. Sie sind häufig die Lieblingstiere von Kindern. Viele von ihnen besitzen entsprechende Kuscheltiere aus Stoff und als Modelltiere zum Spielen. Kinder haben aus Sachbüchern, Fernsehfilmen oder Kinderzeitschriften ein gewisses Vorwissen über Wildtiere erworben. Oft erzählen sie von Ländern, in denen Wildtiere in der freien Natur leben. Ein Kind erzählt zum Beispiel von einer besonderen Mäuseart, die in Australien lebt, und ein anderes berichtet über einen Film vom Herdenleben der Zebras und Antilopen in der afrikanischen Savanne. Dies ist oft spezielles, für sie interessantes Einzelwissen, das aber als Detail eines größeren Zusammenhangs in der Vorstellung des Kindes noch ungeordnet ist. Deshalb suchen sie in ihrer Fantasie nach einem Zusammenhang für ihr Einzelwissen. Dies kommt häufig in ihren Erzählungen über Tiere und ihre Lebensräume zum Ausdruck. Während sie zum Beispiel anderen Kindern und der Lehrkraft über ein Wildtier erzählen, versuchen sie manchmal auf einem Globus oder in einem Tieratlas das Land des Tieres zu zeigen und zu beschreiben. Dabei entstehen Fragen über Klima, Landschaft und Lebensgewohnheiten von Tieren im Vergleich mit unserer heimatlichen Lebenswelt. Als Konsequenz daraus ergibt sich, im Unterricht nicht nur Einzelwissen zum Beispiel über im Zoo getrennt untergebrachte Raubtiere und Beutetiere zu vermitteln, sondern auch das Miteinander dieser Pflanzen- und Fleischfresser im fernen Lebensraum der Savanne kindgemäß und anschaulich zu thematisieren.

Zur Vorbereitung auf einen Zoobesuch oder zur allgemeinen Thematisierung von Tieren in freier Wildbahn auf anderen Kontinenten der Erde kann zunächst den Kindern mit Hilfe von Tiermodellen, einfachen Erdteilkarten, Texten und Erzählungen ein Überblick gegeben werden. Da das Thema „Tiere der Erde" sehr komplex ist, empfiehlt es sich, nach einem Überblick für die Weiterarbeit einen Schwerpunkt zu setzen. Die folgenden Vorschläge für den Unterricht beziehen sich deshalb auf den Schwerpunkt

„Tiere der Savanne", weil in ihr viele bekannte Wildtierarten leben, die bei Kindern sehr beliebt, in Zoos anzutreffen und deshalb gut zu beobachten sind.

Unterrichtsziele

- Die Tierwelt in verschiedenen Erdteilen mit Hilfe von Tiermodellen, Erdteilkarten, Textkarten und Erzählungen der Lehrkraft kennen lernen.
- Über die Anpassung der Tiere an den Lebensraum der afrikanischen Savanne und über ihr Zusammenleben Kenntnisse und Wissen erarbeiten.
- Sachinformationen über einzelne Wildtierarten der Savanne selbstständig erarbeiten und den anderen Kindern der Klasse vorstellen.
- Erfahren, dass manche Wildtierarten in ihrem Lebensraum vom Aussterben bedroht sind und sie um ihrer selbst willen und für uns Menschen erhalten bleiben müssen (z. B. durch die Einrichtung von Nationalparks in Afrika).
- Bei einem Besuch im Zoo unterschiedliche Wildtiere der Savanne unmittelbar kennen lernen, gezielt beobachten und Informationen dokumentieren.
- Wildtiere im Zoo sehen, hören und riechen.
- Vergleiche zwischen dem Leben von Wildtieren in ihren natürlichen Lebensräumen und im Zoo vornehmen.

Vorschläge für den Unterricht

In Gesprächen mit Kindern über Wildtiere kommt zum Ausdruck, dass sie wissen wollen, wo und unter welchen Bedingungen diese Tiere auf der Erde leben. Soll den Kindern ein Überblick über die Heimat der Wildtiere gegeben werden, muss dies für Grundschulkinder möglichst anschaulich geschehen. Eine Möglichkeit, von Filmen abgesehen, bieten hierzu Weltkarten und Bildatlanten mit abgebildeten Tieren. Diese Darstellungen sind aber meist sehr komplex und enthalten oft eine zu große Anzahl von Tierbildern und Texten. Sie sind deshalb für Grundschulkinder nicht immer gut geeignet. Günstiger sind Materialien und Medien, bei denen eine didaktische Reduktion der Komplexität auf das Wesentliche und Exemplarische stattgefunden hat.

Die folgenden Vorschläge für den Unterricht bestehen aus drei Abschnitten:

1. Im ersten Abschnitt über *Tiere der Erde auf verschiedenen Erdteilen* geht es darum, den Kindern einen Überblick über die Erdteile und die auf ihnen lebenden Tierarten zu vermitteln.
2. Im zweiten Abschnitt wird der Erdteil Afrika und auf ihm die *Tierwelt der Savanne* in den Mittelpunkt gestellt, die in der Regel in Zoologischen Gärten repräsentiert ist. Für einen späteren Vergleich mit dem Leben der Tiere im Zoo geht es hier um die Erarbeitung des natürlichen Lebensraumes und des Zusammenlebens von Herdentieren und Raubtieren.
3. Im dritten Abschnitt soll *die originale Begegnung mit Tieren der Savanne im Zoo* den Kindern Vorstellungen und Kenntnisse über Originalgröße, Geruch, Geräusche und Laute sowie Verhaltensweisen vermitteln. Dieser Kontakt ermöglicht ein Erleben und Verstehen einer sonst fremden Welt, die im Klassenraum und durch Medien nicht erfahren werden kann.

Tiere der Erde auf verschiedenen Erdteilen

Zur Vorstellung der Tierwelt auf den sieben Erdteilen Europa, Asien, Australien, Afrika, Nordamerika, Südamerika und Antarktis werden folgende Materialien benötigt:

Eine Weltkarte (Umrisskarte), Namenskarten zur Bezeichnung der Erdteile auf der Weltkarte; sieben Erdteilkarten, dazu sieben Namenskarten; Modelltiere, die Kinder mitbringen und die Lehrkraft bereithält, Namenskarten zu den Modelltieren; Kontrollkarte und Kontrollbuch.

Zur Herstellung und Beschaffung der Materialien werden unten Herstellungshinweise und Bezugsquellen genannt.

Einstieg: Im Gesprächskreis stellen die Kinder ihre Modelltiere der Erde ihren Mitschülerinnen und Mitschülern vor. Gemeinsam wird überlegt, wo die Tiere in der Natur leben.

Arbeitsphase 1: Zur räumlichen Orientierung legt die Lehrkraft eine Weltkarte (Umrisskarte) aus, in der nur Land (Erdteile) und Wasser (Meere) zu sehen sind. Damit die Kinder bei diesem Einstieg in das Thema Land und Wasser auf der Erde voneinander unterscheiden können, sollte die Lehrkraft vorher mit Buntstiften die Erdteile mit unterschiedlichen Farben und das Wasser blau ausgemalt haben. Anschließend werden den Erdteilen Namenskarten zugeordnet.

Arbeitsphase 2: Unter die Erdkarte werden die sieben Erdteilkarten nebeneinander gelegt und mit den Namenskarten gekennzeichnet. Gemeinsam wird versucht, die Modelltiere den entsprechenden Erdteilkarten zuzuordnen. Dabei entwickeln sich wichtige Gespräche über die verschiedenen Tiere auf den unterschiedlichen Kontinenten. Die Kinder sprechen zum Beispiel über den Anteil und die Art ihrer Modelltiere auf bestimmten Erdteilen und vielleicht darüber, dass vor manchen Erdteilen kaum oder gar keine Tiere stehen.

Die Lehrerin ergänzt fehlende Tiere aus ihrem Bestand, sodass vor jedem Erdteil möglichst vier repräsentative Tiermodelle stehen. Die Namenskarten zu den Tiermodellen der Lehrkraft werden den Tieren zugeordnet.

Arbeitsphase 3: Die Schülerinnen und Schüler schreiben Namenskarten für ihre eigenen mitgebrachten Modelltiere und ordnen sie den Tieren an den Erdteilen ebenfalls zu.

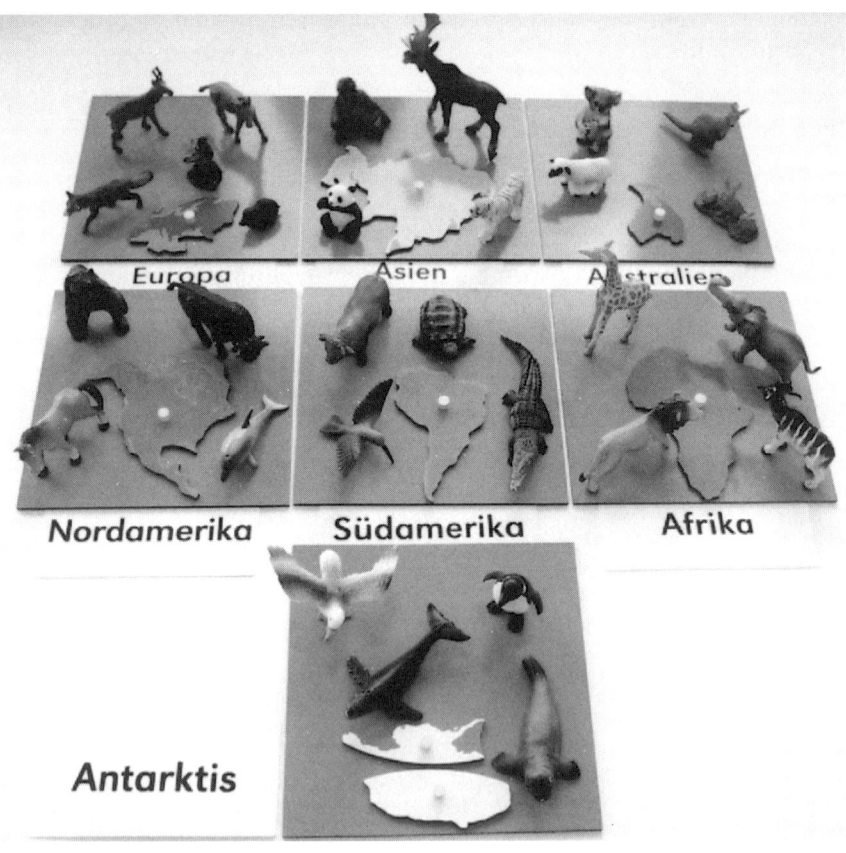

Material: Tiere der Erde

Zu den ausgelegten Materialien schreiben die Kinder die Namen der Tiere auf der Erde tabellarisch wie im folgenden Beispiel auf.

Tiere der Erde						
Europa	**Asien**	**Afrika**	**Australien**	**Nord-amerika**	**Süd amerika**	**Antarktis**
Igel	Elch	Giraffe	Känguru	Braunbär	Rind	Albatros
Eich-hörnchen	Panda-bär	Fluss-pferd	Kaninchen	Delfin	Schild-kröte	Blauwal
Hirsch	Tiger	Löwe	Koalabär	Waschbär	Krokodil	Pinguin
Fuchs	Affe	Elefant	Schaf	Stacheltier	Kolibri	Robbe

Die Kinder bekommen eine Kopie der Weltkarte (DIN-A4, Umrisskarte) und schreiben die Namen bzw. kleben die Namenskärtchen der Erdteile auf ihre Weltkarte. Wer möchte, kann seine Weltkarte noch mit Tierzeichnungen versehen. Eine solche Umrisskarte lässt sich leicht mit Hilfe eines Atlas herstellen.

Herstellung und Beschaffung des Materials:

• Vergrößern der Weltkarte (Umrisskarte) auf DIN-A3, Ausmalen der einzelnen Erdteile (Land) mit verschiedenen Farben und der Meere in blauer Farbe (Wasser) durch die Lehrkraft; Herstellung der Namenskarten zu den sieben Kontinenten.

• Einzelne Erdteile aus der Umrisskarte so vergrößern, dass ein Erdteil auf ein 20 x 20 cm großes blaues Tonpapier aufgeklebt werden kann und ein blauer Rand von etwa 2 cm bleibt; Herstellung der sieben Namenskarten zu den Erdteilen.

• Modelltiere von Kindern mitbringen lassen oder in Geschäften mit pädagogischem Spielzeug kaufen, z. B. der Firmen Schleich, Bullyland oder Moses (siehe Materialverzeichnis). Bei der Beschaffung ist darauf zu achten, dass für jeden Erdteil mehrere Tierarten vorhanden sind.

• Die Herstellung des Materials „Tiere der Erde" kann auch durch die Anschaffung der „Kontinentkiste" mit Tiermodellen und der „Puzzlekarte Erdteile" der Firma Nienhuis ersetzt werden (siehe Materialverzeichnis).

Tiere der Savanne in Afrika

Sachinformationen

Lage, Klima, Vegetation: *Afrika* ist – vom nördlichen und südlichen Küstengebiet abgesehen – im Wesentlichen unterteilt in die Klimazonen und Landschaftsformen Wüste, Savanne und Regenwald. Die Klimazonen folgen fast symmetrisch beiderseits des Äquators aufeinander: Auf beiden Seiten des Äquators liegt das Gebiet des tropischen Regenwaldes ohne Trockenzeit und mit hohen Niederschlägen in allen Monaten. Daran schließt sich im Norden, Osten und Süden der Gürtel der Savannenlandschaft mit dem Wechsel von Regen- und Trockenzeiten an. Die Niederschläge fallen jeweils zur Zeit des Sonnenhöchststandes. Im Norden und im Süden der Savanne liegen die trockenen Wüstengebiete fast ohne jeden Regen (Sahara im Norden, Namib und Kalahari im Süden). In jedem dieser Gebiete leben andere Tierarten. In der Wüste zum Beispiel, wo es fast nie regnet, leben Kamele (Dromedare). Im tropischen Regenwald sind besonders fliegende Tiere, wie bunte Vögel und Insekten, sowie kletternde Tiere, wie verschiedene Affenarten und Baumschlangen anzutreffen.

Die *afrikanische Savanne* ist eine weit ausgedehnte Graslandschaft mit wenigen Sträuchern und Bäumen. Gräser sind hier die wichtigsten Pflanzen. Ihre Wurzelbüschel befinden sich dicht unter der Erdoberfläche, um auch noch den geringsten Niederschlag nutzen zu können. Das Klima ist ganzjährig heiß. Lange Trockenzeiten werden von Regenzeiten unterbrochen. In der Regenzeit ist das Gras saftig und grün, in der Trockenzeit gelb und dürr. Wo etwas mehr Regen fällt oder wo Feuchtigkeit im Boden zurückgehalten wird, wachsen vereinzelt Schirmakazien mit ihren typisch flachen Kronen und Affenbrotbäume, die in ihren Stämmen Wasser speichern können. Diese großen Bäume mit ihren ausgedehnten Kronen spenden den Tieren der Savanne Schatten.

Tierwelt in der Savanne: Verschiedene Wildtierarten haben sich im Laufe der Zeit an die Lebensbedingungen der Savanne angepasst. Hier leben viele Pflanzen fressende Säugetierarten zusammen, die unterschiedliche Fressgewohnheiten haben. Sie wählen entweder verschiedene Pflanzenarten oder unterschiedliche Teile der gleichen Pflanze als Nahrung und stehen deshalb nicht in Konkurrenz zueinander. Zu den Pflanzenfressern gehören die Elefanten, Giraffen, Zebras, Gnus, Antilopen, Gazellen und Büffel. Elefanten und Giraffen fressen zum Beispiel Blätter von Bäumen und Büschen, während Zebras, Antilopen, Gnus und Gazellen das Gras abweiden. Sie besitzen dazu Schneidezähne zum Abrupfen und Backenzähne zum Zerreiben der pflanzlichen Nahrung. Um frisches Futter zu finden, müssen die

Tierherden ständig in Bewegung sein. Sie wandern dorthin, wo es verbunden mit den Regenzeiten ausreichend pflanzliche Nahrung gibt. Neben den Huftieren sind noch als flugunfähige Laufvögel und Allesfresser die Strauße zu erwähnen.

Die Pflanzenfresser der Savanne dienen großen Raubtieren als Beute. Zu ihnen gehören Löwen, Leoparden, Geparden, Hyänen und Wildhunde mit ihren gefährlichen Fangzähnen. Die Beutetiere können sich vor den Raubtieren in der offenen Savannenlandschaft schwer verbergen. Daher besteht ihre Verteidigung darin, sich gegenüber den gefährlichen Raubtieren unverletzlich zu machen. Diese Möglichkeit haben aber nicht alle Pflanzenfresser. Nur das Nashorn und der Elefant sind durch ihren tonnenschweren Körper weniger angreifbar. Antilopen, Gnus, Gazellen und Büffel haben kräftige Hörner, während sich Zebras und Giraffen mit Hufschlägen verteidigen. Für den größten Teil der Pflanzenfresser besteht jedoch die beste Möglichkeit der Rettung in der Flucht. Fast alle diese Tiere sind sehr schnelle Läufer. Aber nicht immer gelingt es ihnen, sich durch die Flucht in Sicherheit zu bringen, denn auch die Fleischfresser haben sich zu schnellen Läufern entwickelt oder sich bestimmte Jagdtaktiken angeeignet. Zu den besonders guten Läufern gehört der Gepard. Er kann auch die schnellste Antilope einholen. Das, was die Fleischfresser schließlich übrig lassen, fressen Aasgeier und Schakale.

Leider sind heute viele Wildtierarten der Savanne in ihrem Bestand bedroht, weil ihr Lebensraum von Menschen in Anspruch genommen wird.

Unterrichtsvorschläge zu Tieren im Lebensraum Savanne

Zum Kennenlernen der Wildtiere in der Savanne Afrikas werden folgende **Materialien** benötigt:

Drei Umrisskarten von Afrika, Namenskarten zur Bezeichnung der Klimazonen und Landschaften, Modelltiere zu Afrika und besonders zur Savanne, die Kinder mitbringen oder die Lehrkraft bereithält, Namenskarten zu den Modelltieren; Kontrollkarte und Kontrollbuch.

Zur Herstellung und Beschaffung der Materialien werden unten Herstellungshinweise und Bezugsquellen genannt.

Der Erdteil Afrika – Einstieg: Mit zwei möglichst großen Umrisskarten (mindestens DIN-A3) wird der Kontinent Afrika zweimal nebeneinander ausgelegt. Die Modelle der Tiere werden auf einen der beiden Grundrisse gestellt. Die Kinder erzählen über das Leben der Tiere und zeigen damit ihre Vorstellungen und Kenntnisse von der Tierwelt dieses Erdteils. Dabei kann die Lehrkraft per Impuls nachfragen, ob zum Beispiel das Kamel in der gleichen Gegend lebt wie der Gorilla.

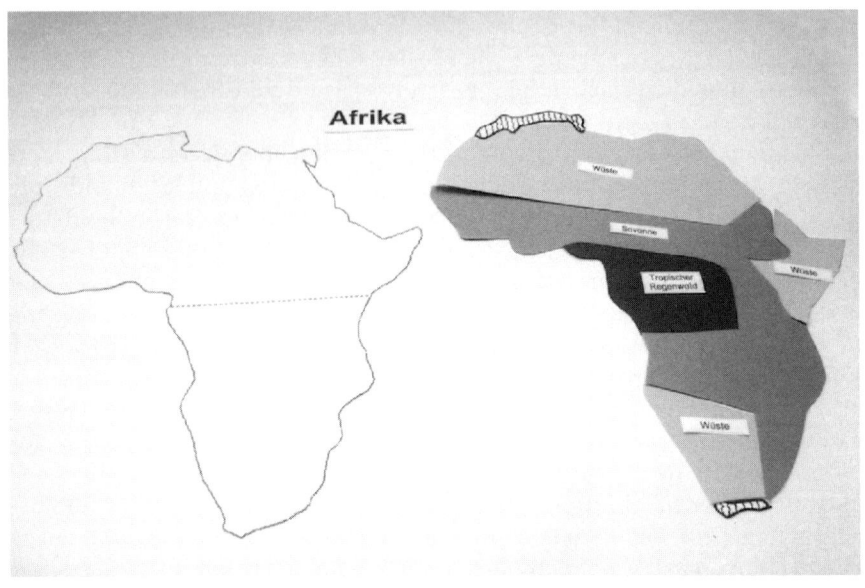

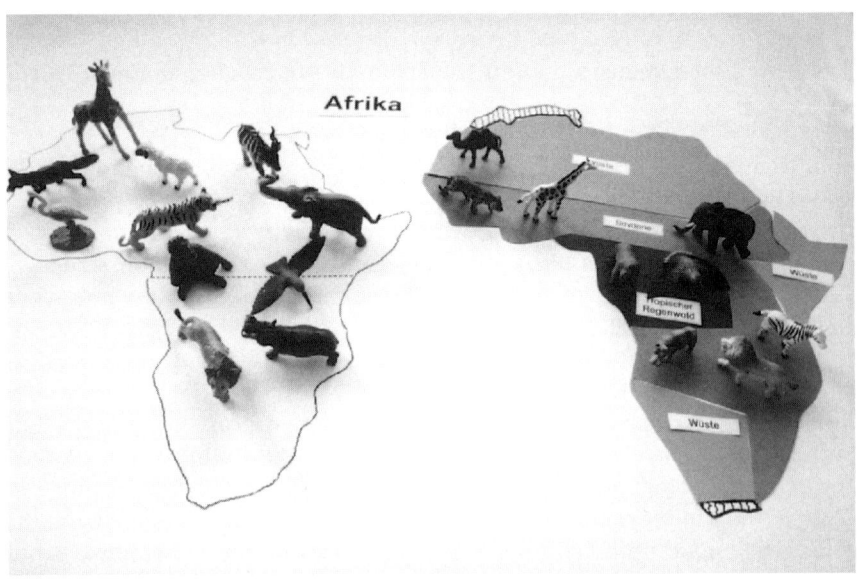

Material: Tiere Afrikas

Arbeitsphase 1: Die Lehrkraft erzählt, dass die Tiere in Afrika in ganz unterschiedlichen Lebensräumen leben. Auf einem Globus oder auf einer Weltkarte zeigt sie den Kindern Afrika und den Äquator, der sich um die Erde und mitten durch Afrika zieht.

Die Lehrkraft legt nun auf die zweite Umrisskarte von Afrika einen dunkelgrünen Streifen Tonpapier an die Stelle, wo sich der Äquator und der tropische Regenwald befindet. Sie erzählt von dem Klima, der davon abhängigen Landschaftsform und der Tierwelt in diesem Gebiet. Dann legt sie einen grasgrünen Streifen Tonpapier zu beiden Seiten des Regenwaldes, der das Gebiet der Savanne umfasst. Nördlich und südlich davon kommt dann ein sandgelbes Tonpapier für die Wüsten.

Während des Erzählens legt sie neben die farbigen Tonpapierstreifen Abbildungen vom tropischen Regenwald, von der Savanne und von der Wüstenlandschaft und fügt zugleich die Namen Regenwald, Savanne und Wüste hinzu.

Arbeitsphase 2: Die Lehrkraft erzählt nun von dem Wechsel der Regenzeiten in der Savanne und den Konsequenzen für die Tier- und Pflanzenwelt. Die Tiere der Savanne werden dann von der ersten Umrisskarte Afrikas auf die grasgrüne Tonpapierfläche der Savanne gestellt. Gemeinsam mit den Kindern werden die Tiere nun nach Fleisch- und Pflanzenfressern gruppiert. Die Lehrkraft erzählt von dem Beute- und Jagdverhalten der Fleischfresser und dem Flucht- und Verteidigungsverhalten der Pflanzenfresser. An dieser Stelle kann auch ein entsprechender Film gezeigt werden. Die Namen von Fleisch- und Pflanzenfressern können tabellarisch aufgeschrieben werden.

Arbeitsphase 3: Danach kann ein Modell von einer Savannenlandschaft aus Sand, Erde, Gras, Steinen, Modellbäumen und Modelltieren gemeinsam in einem Sandkasten, auf zwei Schülertischen oder auf dem Boden (z. B. mit Klarsichtfolie unterlegt) hergestellt werden.

Arbeitsphase 4: Die Kinder wählen sich ein Wildtier aus der afrikanischen Savanne aus. In Einzel- oder Partnerarbeit bereiten sie Steckbriefe oder kleine Vorträge zu dem ausgewählten Tier vor. Dazu können die folgenden Kopiervorlagen sowie Sachbücher und Nachschlagewerke genutzt werden. Nach der Fertigstellung der Steckbriefe und/oder der Tiervorträge werden die Ergebnisse einander vorgestellt.

Arbeitsphase 5: Im Anschluss an das Vorstellen der Steckbriefe und der Vorträge über Savannentiere und ihre Lebensweise kann eine Fantasiereise in die afrikanische Savanne durchgeführt werden. Einen Textvorschlag finden Sie auf Seite 98. Es ist auf eine entspannte Athmosphäre zu achten.

Das Zebra

Zebras haben ein schwarz-weiß gestreiftes Fell. Es dient der Tarnung.

Sie leben in Familiengruppen zusammen, bestehend aus einem Hengst, mehreren Stuten und deren Fohlen. Oft schließen sich viele Familien zu großen Herden zusammen. Antilopen schließen sich gerne der Herde an.

Zebras fressen Gras.

Die Feinde der Zebras sind Löwen und Geparde. Bei Gefahr versuchen sie durch schnellen Galopp zu entkommen.

Eine Zebrastute bringt ein Junges zur Welt. Schon zwei Stunden nach der Geburt kann es in der Herde mitlaufen. Es wird ein halbes Jahr von der Mutter gesäugt.

Der Löwe

Löwen leben und jagen im Rudel.

Löwen sind Raubtiere und fressen nur Fleisch. Der männliche Löwe hat eine dichte Halsmähne.

Die weiblichen Löwen gehen auf die Jagd. Meistens jagen mehrere Weibchen zusammen. Zwei Löwinnen verstecken sich im hohen Gras und die anderen jagen ihnen die Beute zu. Sie jagen größere Antilopen oder kleinere Zebras für das ganze Rudel. Sie können Geschwindigkeiten bis zu 75 km/h erreichen.

Die Löwin bringt 2–5 Junge zur Welt. Die Jungen spielen wie kleine Katzen. Die Mutter verteidigt die Jungen.

Löwen können über 20 Jahre alt werden.

Der Elefant

Der Elefant ist der Riese unter den Landtieren. Er kann mehr als 4 Meter groß werden. Er wiegt 2200 bis 6500kg. Seine Nase ist ein langer Rüssel. Er hat Stoßzähne aus Elfenbein. Deshalb wird er auch heute noch von manchen Menschen gejagt.

Elefanten leben in Herden. Nur alte Bullen leben allein.

Elefanten fressen Zweige, Wurzeln und Blätter. Sie lieben Wasser.

Die Elefantenkuh bringt nach fast zwei Jahren Tragzeit ein Junges zur Welt. Sie betreut es zwei Jahre lang. Elefanten sind sehr langsam. Bei Gefahr können sie eine Geschwindigkeit von 25 km/h erreichen.

Elefanten werden 50 bis 80 Jahre alt.

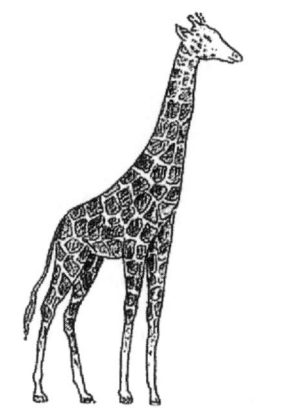

Die Giraffe

Die Giraffe ist sehr groß. Sie kann bis zu 6 Meter hoch und bis zu 900 kg schwer werden. Sie hat einen besonders langen Hals. Ihr Fell hat ein auffallendes Muster. Giraffen fressen Blätter, Knospen und Triebe von Bäumen, aber selten Gras, weil sie mit dem Maul nicht auf den Boden reichen. Ihre Vorderbeine sind länger als ihre Hinterbeine. Beim Trinken müssen sie die Beine weit auseinander spreizen. Giraffen können sehr schnell laufen. Das Junge ist bei der Geburt schon 1,50 Meter groß. Es fängt nach wenigen Stunden an zu laufen. Junge Giraffen werden häufig von Löwen, Leoparden oder Hyänen angegriffen.

Die Antilope

Die Antilopen sind ziemlich schmal und beweglich. Sie können sehr gut springen. Antilopen erreichen eine Schulterhöhe von fast 2 Meter. An der Kehle tragen sie eine lange Kehlwanne. Antilopen haben spiralförmige Hörner.

Sie wandern in Gruppen von 50 Tieren durch die Savanne. Antilopen bilden gerne gemischte Herden mit Zebras und Straußen. Antilopen fressen wenig Gras und viel Laub. Antilopen sind Wiederkäuer. Antilopen werden von Löwen und Geparden angegriffen. Antilopenweibchen gebären ein Kalb. Es bleibt in den ersten Lebenstagen im Gras liegen. Die Mutter verteidigt es.

Der Gepard

Der Gepard ist das schnellste aller Landtiere. Er kommt auf über 100 km/h, kann aber nur kurze Zeit so schnell laufen. Er ist sehr schlank und hat lange, dünne Beine. Seine Krallen kann er nicht einziehen. Sein Kopf ist klein. Er lebt allein oder in kleinen Gruppen. Der Gepard ist ein Fleischfresser. Er jagt Gazellen und Antilopen. Das Gepardweibchen bringt nach 3 Monaten zwei bis vier Junge zur Welt. Sie betreut die Jungen allein. In den ersten Wochen liegen diese versteckt im Gebüsch oder im hohen Gras. Dann folgen sie der Mutter für zwei Jahre. Geparde können etwa 15 Jahre alt werden.

Fantasiereise in die afrikanische Savanne
Du machst es dir bequem. – Du bist jetzt ganz ruhig. – Deine Hände und Arme sind ganz schwer – Du atmest ruhig ein und aus – Dein Kopf ist frei und leicht.
Stell dir vor, du bist mitten in der afrikanischen Savanne. – Um dich herum ist eine karge Graslandschaft. – Du kannst ganz weit sehen. – Du blickst über das Gras. – Ganz in der Ferne – siehst du ein paar Schirmakazien. – Die Sonne brennt. – Dir ist heiß.
Du wartest in der Hitze auf einen Jeep. – Du willst auf Safari gehen. – Der Jeep kommt und hält an. – Du steigst ein. – Langsam fährt der Jeep los. Du schaust aus dem Fenster. – Du siehst in der Ferne eine Elefantenherde. – Gleich bist du bei den Schirmakazien. – Der Jeep fährt dich an die Bäume heran. – Du siehst die langen Beine einer Giraffe. – Du schaust noch oben. – Du kannst beobachten, wie die Giraffe mit ihrer langen Zunge Blätter abreißt und frisst. – Das Auto fährt weiter. – Zebras kreuzen deinen Weg. – Du hörst Trommeln. – Sie kommen immer näher. – Sie werden immer lauter. – Du kommst zu ein paar Lehmhütten. – Die Dorfbewohner sitzen vor ihren Hütten und trommeln. – Der Jeep hält an. – Du steigst aus. – Die Dorfbewohner lächeln dir zu. – Du gehst zu ihnen. – Eine Frau bringt dir einen Krug Wasser. – Du nimmst ihn dankbar und genießt das kühle Wasser. – Du fühlst dich ganz frisch.
Du atmest nun tief durch. – Du reckst deine Arme. – Du streckst und räkelst dich wie eine Katze. – Du öffnest langsam die Augen. – Du gewöhnst dich an das helle Licht. – Die Safari ist zu Ende.

Parallel zur Erarbeitung des Themas „Tiere der Savanne in Afrika" können Texte aus Kinderbüchern und Gedichte über Afrika gelesen und vorgetragen werden.

Begegnung mit Tieren der Savanne im Zoo

Nachdem die Kinder einen Überblick über die Tiere der Erde bekommen und Kenntnisse über die Tiere der Savanne in ihrem Lebensraum erarbeitet haben, können sie bei einem Zoobesuch unmittelbar erlebt und beobachtet werden. Die Wildtiere sind im Zoo – anders als in freier Natur – in verschiedenen Gehegen getrennt untergebracht. Ein natürliches Zusammenleben verschiedener Wildtierarten und das Raub-Beute-Verhalten von Fleisch- und Pflanzenfressern kann hier also nicht beobachtet werden. Der Zoo bietet den Kindern jedoch die Möglichkeit, ihre Lieblingstiere in Originalgröße kennen zu lernen, ihren Geruch wahrzunehmen, ihre Geräusche und Laute zu hören, ihr Verhalten und ihre Bewegungen zu beobachten, ihnen beim Fressen zuzuschauen und ihren Lebensraum im Zoo mit dem natürlichen der Savanne zu vergleichen.

Vorbereitung eines Zoobesuchs: Die Lehrkraft benötigt zur Vorbereitung des Zoobesuchs einen *Lageplan vom Zoo.* Dieser kann entweder über die Internetseite vieler Zoos ausgedruckt oder bei einem Vorbesuch im Zoo erhalten werden (Adressenliste siehe Literaturverzeichnis). Der Zooplan kann vervielfältigt oder mit Hilfe eines Overheadprojektors an die Wand projiziert werden. Auf dem Lageplan des Zoos können dann die Gehege der Wildtiere der Savanne gesucht und farbig markiert werden. Gemeinsam mit den Kindern wird anschließend ein Gang durch den Zoo geplant und ebenfalls auf dem Plan eingezeichnet. Bei der Planung sollten die Fütterungszeiten der Tiere berücksichtigt werden. Zeitangaben hierzu können beim Zoo direkt erfragt oder auf der Homepage vieler Zoos im Internet abgerufen werden.

In einem zweiten Schritt werden die *Gruppen eingeteilt.* Alle Kinder, die vorher in Einzel- oder Partnerarbeit zu dem gleichen Tier Steckbriefe oder kleine Tiervorträge erarbeitet haben, bilden eine Gruppe. Diese Gruppe *formuliert* nun gemeinsam *Fragen,* denen sie während des Zoobesuchs nachgehen will.

Abschließend werden Verhaltensregeln – z. B. „Keine Tiere füttern" oder „Nicht über Zäune klettern" – abgesprochen.

Durchführung eines Zoobesuchs: Bevor die Kinder unter Begleitung von Erwachsenen (z. B. Eltern) in kleinen Gruppen einen Gang durch den Zoo machen und ihr Tier gezielt beobachten, sollten *zeitliche Absprachen* getroffen und *Treffpunkte* vereinbart werden. Dabei sollte ausreichend Zeit zur Beobachtung des ausgewählten Tieres und für die Bedürfnisse der Kinder berücksichtigt werden. Auch die Fütterungszeiten der Tiere sowie Frühstücks- und Toilettenpausen sollten eingeplant werden.

Beobachtungen von Tieren der Savanne im Zoo: Für die Beobachtung der Tiere benötigen die Kinder eine Federtasche mit Stiften, eine vorbereitete Schreibunterlage mit losem DIN-A4-Papier und ihre Beobachtungskarten (siehe Kopiervorlage).

Für die Beobachtung ist meist eine Zeitstunde ausreichend. In ihren Gruppen setzen sich die Kinder an einen Ort vor dem Gehege, von dem sie die Tiere gut beobachten können. Eine geeignete Sitzmöglichkeit vor den Gehegen der Tiere haben nicht alle Zoos, deshalb können mitgebrachte Klappstühle sinnvoll sein. Die Kinder sollten zunächst, unabhängig von der Beobachtungskarte, ihr ausgewähltes Tier beobachten und erste Eindrücke gewinnen. Sie werden dabei schnell merken, dass sie zur Beobachtung der Tiere Ruhe und Geduld brauchen. Mit Hilfe der Beobachtungskarte können die Kinder anschließend gezielt auf die Besonderheiten der Tiere und des Geheges aufmerksam gemacht werden. Die Beobachtungsaufgaben beziehen sich auf die Anzahl der Tiere im Gehege, auf Körperbau, Verhalten und Lebensweise sowie auf die Ausstattung des Geheges.

Beobachtungskarte:
Giraffen im Zoo

1. Wie viele Giraffen leben im Gehege? Zähle Weibchen, Männchen und Jungtiere.
2. Schau der Giraffe auf die Füße. Hat sie Krallen, Tatzen, Pfoten oder Hufe?
3. Wie sieht der Untergrund des Geheges aus?
4. Welche Beine sind länger? Die Vorderbeine oder die Hinterbeine?
5. Wenn du Glück hast, kannst du eine Giraffe beim Trinken beobachten. Schreibe auf, wie sie das macht.
6. Auf welcher Höhe sind die Futterstellen für die Giraffen angebracht?
7. Wenn du eine Giraffe beim Fressen beobachtest, kannst du manchmal ihre Zunge sehen. Beschreibe die Farbe und Form der Zunge.
8. Zeichne eine Giraffe.
9. Beobachte eine Giraffe für etwa 10 Minuten. Schreibe auf, was die Giraffe in der Zeit alles macht.
10. Wie ist das Gehege ausgestattet?

Beobachtungskarte:
Elefanten im Zoo

1. Wie viele Elefanten leben im Gehege? Zähle Männchen, Weibchen und Jungtiere.
2. Beobachte einen Elefanten. Was macht er alles mit seinem Rüssel?
3. Beschreibe, wie die Beine und Füße des Elefanten aussehen.
4. Wie bewegen sich die Elefanten fort?
5. Was fressen die Elefanten?
6. Wie fressen Elefanten?
7. Beschreibe das Gehege des Elefanten.
8. Beobachte, wie sich Elefanten säubern.
9. Wie alt sind die Elefanten im Gehege? (Schau auf der Hinweistafel nach!)
10. Wie schwer sind die Elefanten? (Schau auf der Hinweistafel nach!)
11. Welche Laute geben Elefanten von sich?
12. Wie verhalten sich die Elefanten untereinander?

Beobachtungskarte:
Löwen im Zoo

1. Wie viele Löwen leben im Gehege? Zähle Weibchen, Männchen und Jungtiere.
2. Schau einem Löwen auf die Füße. Wie nennt man die Füße?
3. Ein Löwe muss regelmäßig seine Krallen schärfen und kürzen. Wo kann er das im Gehege machen?
4. Welche Farbe hat das Fell des Löwen? Überlege, wofür die Farbe des Felles in der Savanne gut ist.
5. Wenn der Löwe seine Zähne zeigt, schaue auf sein Gebiss. Beschreibe es.
6. Beobachte die Löwen beim Fressen. Was tun die Tiere mit dem Futter?
7. Streiten sich die Löwen um das Futter? Wenn ja, beschreibe.
8. Welche Kaubewegungen macht ein Löwe?
9. Beobachte einen Löwen etwa 10 Minuten. Was tut er in dieser Zeit alles?
10. Welche Laute geben die Löwen von sich?

Beobachtungskarte:
Zebras im Zoo

1. Wie viele Zebras leben im Gehege? Zähle Weibchen, Männchen und Jungtiere.
2. Sind in dem Gehege auch noch andere Tiere? Wenn ja, welche?
3. Wie verhalten sich die Tiere untereinander? Gibt es eine Rangordnung?
4. Schau einem Zebra auf die Füße. Hat es Pfoten, Krallen, Hufe oder Tatzen?
5. Mit welchem Tier kannst du das Zebra vergleichen? Schau auf den Körperbau.
6. Welche Laute geben Zebras von sich?
7. Beobachte die Zebras bei der Körperpflege. Wie pflegen sie sich?
8. Zeichne einen Zebrakopf von der Seite. Achte dabei genau auf die Augen.
9. Was fressen die Zebras im Zoo?
10. Beobachte, wie das Zebra sein Essen aufnimmt.

Beobachtungskarte:
Geparden im Zoo

1. Wie viele Geparden leben im Gehege? Zähle Weibchen, Männchen und Jungtiere.
2. Wie alt sind die Geparden im Zoo? (Schau auf der Hinweistafel nach!)
3. Beschreibe den Körperbau des Geparden.
4. Der Gepard ist das schnellste Säugetier. Wie schnell können sie laufen?
5. Warum können Geparden so schnell laufen?
6. Wie sieht das Fell des Geparden aus? Zeichne einen Geparden.
7. Was fressen Geparden?
8. Beobachte einen Geparden etwa 10 Minuten. Schreibe auf, was er in dieser Zeit alles macht.
9. Womit ist das Gehege des Geparden ausgestattet.
10. Hat der Gepard Rückzugsmöglichkeiten?

Beobachtungskarte:
Antilopen im Zoo

1. Wie viele Antilopen leben im Gehege? Zähle Weibchen, Männchen und Jungtiere.
2. Leben im Gehege verschiedene Antilopenarten? Wenn ja, welche?
3. Wie unterscheiden sich die verschiedenen Antilopen voneinander?
4. Leben außer den Antilopen noch andere Tiere im Gehege? Wenn ja, welche?
5. Beschreibe den Kopf einer Antilope.
6. Beschreibe den Körperbau einer Antilope.
7. Wozu nutzen Antilopen in der freien Wildbahn ihre Hörner?
8. Was fressen Antilopen?
9. Beobachte eine Antilope etwa 10 Minuten. Was macht sie alles in dieser Zeit?
10. Wie verhalten sich die Antilopen untereinander?
11. Womit ist das Gehege der Antilopen ausgestattet?
12. Welche Geräusche/Laute geben Antilopen von sich?
13. Wie verhalten sich die Tiere untereinander?

Nachbereitung eines Zoobesuchs: Zurück in der Schule, werden die *Tier-beobachtungen* der verschiedenen Gruppen einander *vorgestellt.* Die vor dem Zoobesuch erarbeiteten Tiervorträge und Steckbriefe der Kinder können durch die Notizen und Zeichnungen, die im Zoo gemacht wurden, ergänzt werden.

Abschließend findet ein Vergleich vom *Leben der Tiere in ihrem natürlichen Lebensraum der Savanne und im Zoo* statt. Die Unterschiede werden herausgearbeitet und können in einer Tabelle festgehalten werden. Dabei werden Vor- und Nachteile eines jeden Lebensraumes berücksichtigt.

Die folgende Tabelle zeigt beispielhaft, welche Unterschiede eine 3. Grundschulklasse herausgearbeitet hat:

Lebensraum Savanne	**Lebensraum Zoo**
• Die Tiere leben zusammen in Freiheit.	• Die Tiere leben in verschiedenen Gehegen.
• Die Tiere haben ausreichend Platz.	• Die Tiere haben nur wenig Platz.
• Tiere machen große Wanderungen, weil sie Nahrung suchen müssen.	• Tiere machen keine großen Wanderungen.
• Tiere können schnell laufen.	• Tiere können nur kurze Strecken laufen.
• Die Tiere müssen Nahrung suchen.	• Die Tiere werden gefüttert.
• Manchmal ist die Nahrung knapp.	• Die Nahrung ist ausreichend.
• Raubtiere jagen Beutetiere.	• Raubtiere können Beutetiere nicht jagen.
• Tiere haben natürliche Feinde.	• Tiere haben keine natürlichen Feinde.
• Huftiere leben in großen Herden zusammen.	• Huftiere leben in kleinen Herden zusammen.
• Wenn Tiere krank werden, müssen sie sterben.	• Wenn Tiere krank werden, wird ihnen vom Tierarzt geholfen.
• Tierkinder wachsen in der Savanne nur im Schutz ihrer Mütter auf. Sie sind häufig in Gefahr.	• Tierkinder wachsen im Zoo in einer geschützten Umgebung auf.
• Tierschützer versuchen, die Lebensräume der Tiere zu retten.	• Tiere werden im Zoo gezüchtet, um sie später möglichst wieder in die Natur zu entlassen.

Wir wissen nicht, ob es den Tieren in der Savanne besser geht als den Wildtieren im Zoo. Jeder Lebensraum hat Vor- und Nachteile.

Ob es den Tieren in der Savanne oder im Zoo besser geht, konnten die Kinder nicht eindeutig sagen. Dies ist sicher auch schwer, weil man die Tiere ja nicht direkt fragen kann. Als Zoobesucher kann man sich nur vor ein Gehege stellen und beobachten, ob die Tiere mager, fett oder gut genährt sind, ob große und kleine Tiere zusammenleben, ob sie spielen, rastlos hin- und herlaufen oder ob sie entspannt schlafen.

Literatur und Material

Literatur für Lehrerinnen und Lehrer

DITTRICH, LOTHAR: Der Bildungsauftrag des Zoos einst und heute, seine Möglichkeiten und Grenzen. In: Grundschule, 22. Jg., Heft 7–8, 1990, S. 20–21.

MOLKENTHIN, SABRINA: Begegnung Zoo. Der zoologische Garten als außerschulischer Lernort. In: Die Grundschulzeitschrift, Heft 127, 1999, S. 6–11.

PESARINI, CARLO: Tiere der Savanne (Reihe: Die Welt der Tiere). Freiburg: Herder 1977.

Internetadressen

www.blinde-kuh.de (Adressenliste von Zoos)
www.zoos.de (Adressenliste von Zoos)

Sachbücher/Bilderbücher für Kinder

DOUGLAS-HAMILTON, ORIA: Das Elefanten-Kinder-Buch. Salzburg: Neugebauer 1990.

HENSEL, WOLFGANG/THIEMEYER, HILDBURG: Tiere in Afrika (Reihe: Der neue Kinder-Kosmos). Stuttgart: Franckh-Kosmos 1995.

LAVERS, CHRIS: Warum Elefanten große Ohren haben. Dem genialen Bauplan der Tiere auf der Spur. Bergisch Gladbach: Lübbe 2003.

STAEDLER, GABRIELA: Wilde Kinder. Geparde. Berlin: W. Mann 1999.

STAEDLER, GABRIELA: Wilde Kinder. Löwen. Berlin: W. Mann 2000.

STAEDLER, GABRIELA: Wilde Kinder. Zebras. Berlin: W. Mann 2000.

Materialien

Bullyland Volkmer Klaus KG
  Bullystr. 1; 73565 Spraitbach (www.bullyland.de)
Moses Verlag GmbH
  Hülser Straße 21–23; 47906 Kempen (www.moses-verlag.de)
Nienhuis Montessori B.V.
  Industriepark 14; 7021 BL Zelhem; Niederlande (www.nienhuis-montessori.com)
Schleich Produktions- und Handelsges. mbH.
  Am Limes 69; 73527 Schwäbisch Gmünd (www.schleichtiere.de)

Frühling – Nistplätze für Insekten

Für viele Insekten und Vogelarten fehlen in städtischen Wohngebieten und Gärten immer häufiger natürliche Nistmöglichkeiten. Im Frühling gibt es viele Gelegenheiten, mit künstlichen Nistplätzen Abhilfe zu schaffen.

Nisthilfen für Hummeln

Hummeln sind Wildbienen, die für die Bestäubung der Kulturpflanzen von großer Bedeutung sind. Bei ihnen überwintern nur die befruchteten Weibchen, die dann im Frühjahr ein Nest für ein neues Volk bilden. Viele Hummelarten nisten in einer kleinen Höhle unter der Erde, z. B. in verlassenen Mäusegängen, in die sie durch ein Einflugloch hineinkommen.

Zuerst wird in einem freien Stück Land mit lockerer Erde ein Loch ausgehoben, in das ein größerer Blumentopf bequem verkehrt herum hineinpasst. Der Boden des Blumentopfes schließt etwas über dem Erdboden ab. Das Einflugloch im Boden des Blumentopfes muss einen Durchmesser von mindestens 2 cm haben. Auf den Grund des ausgegrabenen Loches wird etwas Kies geschüttet. Dann wird der Blumentopf etwa bis zur Hälfte mit Holzwolle, trockenem Gras, Sägespänen oder Watte gefüllt und mit der Öffnung nach unten in das Erdloch eingegraben. Damit es in die künstliche Hummelhöhle nicht hineinregnet, gibt es zwei Aufbaumöglichkeiten: (1) Um den Blumentopfboden herum werden ein paar Steine und darauf eine Steinplatte oder ein Teller, mit Steinen beschwert, als Dach gelegt. (2) Über den Blumentopf in der Erde wird ein zweiter Blumentopf als Regenschutz gestülpt. In ihm wird das Bodenloch verschlossen und stattdessen an der Seite ein Stückchen zum Einfliegen herausgebrochen. Der zweite Blumentopf wird mit Erde, Laub und ein paar kleinen Steinen umgeben.

Nisthilfen für Mauerbienen

Die Bedeutung der Wildbienenarten wird im Vergleich zu den Honigbienen sehr unterschätzt. Sie sind es jedoch, die in großem Maße für die Bestäubung der Obstbaumblüten und der Kulturpflanzen sorgen. Mauerbienen zum Beispiel leben einzeln und bilden keine Völker. Sie nisten in Holzlöchern von Bäumen, Gebäuden, Zäunen und anderen Hohlräumen.

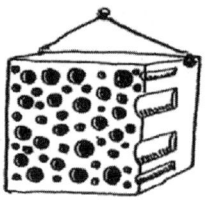

Nisthilfen sind Ziegelsteine mit Löchern oder Holzscheiben (Hartholz wie Buche oder Eiche), in die Röhren hineingebohrt worden sind. Die Röhrenlöcher müssen unterschiedliche Durchmesser von 3, 5 bis 10 mm und eine Tiefe von 5 bis 10 cm haben. Die Nisthilfen werden in Südrichtung an einer wind-, regen- und etwas sonnengeschützten Stelle aufgehängt. Wenn einige Löcher wie zugeklebt erscheinen, sind sie von den Insekten besetzt worden.

Sommer – Stechmücken und Wespen im Vergleich

In diesen Anregungen geht es darum, dass Kinder Probleme mit Tieren selbstständig bearbeiten lernen. Vor und nach den großen Ferien war unter den Schülerinnen und Schülern das Zählen der Mückenstiche an ihrem Körper und die Angst vor stechenden Insekten wie Wespen, Bienen und Bremsen ausgebrochen. Anlass genug, für Aufklärung zu sorgen. Zu den einzelnen Insektenarten werden Arbeitsgruppen gebildet, um arbeitsteilig Informationen aus Nachschlagewerken und anderen Büchern zusammenzutragen und durch ein Referat oder eine Wandzeitung den Mitschülern zu vermitteln.

Fragen und Aufgaben

Stechmücke

1. Wie sehen Stechmücken aus? (Größe, Farbe, Merkmale)
2. Wovon ernähren sie sich? (Weibchen, Männchen)
3. Warum führt der Stich zum Anschwellen und Jucken der Stelle?
4. Wie vermehren sich die Mücken?
5. Wie überwintern Stechmücken?

Wespe

1. Wie sehen Wespen aus? (Größe, Farbe, Merkmale)
2. Wovon ernähren sie sich? (Wespen, Larven)
3. Warum stechen Wespen und wo ist der Stachel an ihrem Körper?
4. Wie vermehren sich die Wespen?
5. Wie überwintern Wespen?

Informationen

Stechmücke

1. 6–10 mm lang; graubraun; zwei schmale Flügel; zwei lange Fühler; mit langem Saugrüssel, der bei den Weibchen ein Stechrüssel ist; meist in der Nähe von Gewässern.
2. Die harmlosen Männchen bilden Schwärme, sie ernähren sich von Blütennektar und Wasser. Die Weibchen stechen mit ihrem Saugrüssel tief in die Haut, um sich mit Blut zu ernähren. Sie benötigen das Blut auch, um die Eier in sich reifen zu lassen und mit Nährstoffen zu versorgen.
3. Die Stiche werden meist erst bemerkt, wenn die Mücke weg ist und sie anfangen zu jucken. Der beim Stich in die Wunde gelangende Speichel führt zum Anschwellen und Jucken der Stelle. Manche Personen reagieren allergisch, obwohl der Stich einem Menschen nicht schadet.
4. Nach der Paarung legt das Weibchen bis zu 300 Eier auf eine Wasseroberfläche, zusammengeklebt zu einem „Eischiffchen". Die Larven hängen kopfüber mit einem langen Schnorchel an der Wasseroberfläche, durch den sie gleichzeitig Luft atmen und kleine Algen und Kleintierchen fressen können. Die Entwicklung ist eine vollständige Verwandlung über Ei, Larve, Puppe bis zur frischen Stechmücke.
5. In Teichen und Seen werden die Stechmückenlarven von vielen Wasserinsekten, Fröschen und Fischen gefressen. Sie überleben den Winter meist als Puppe in stehenden Gewässern.

Wespe

1. 1–2 cm lang; schwarz-gelber Körper; Hautflügler mit 4 Flügeln; zwei Fühler; Kauzangen am Oberkiefer; Arbeiterinnen mit Giftstachel am hinteren Ende.
2. Wespen ernähren sich von Blütennektar, Obstsäften und Früchten. Für die Fütterung ihrer Larven brauchen sie jedoch zerkaute Insekten und Spinnen, also Fleischiges.
3. Im Unterschied zu den Stechmücken dient der Stachel bei Wespen und Bienen als Waffe zur Verteidigung bei Bedrohungen. Der Stachel sitzt hinten und pumpt Gift unter die Haut des Opfers. Er ist bei der Wespe glatt und kann von ihr herausgezogen und erneut zum Stechen verwendet werden. Die Stiche sind zwar schmerzhaft, aber ungefährlich, obwohl sie bei manchen Personen mit allergischen Reaktionen verbunden sind.
4. Im Frühjahr erstellt jede Königin aus Speichel und Holz eine Papiermasse und baut daraus ein rundes Nest mit ersten Zellen, in die sie je ein Ei legt. Sie füttert die Larven und vergrößert das Nest. Wenn die ersten Arbeiterinnen geschlüpft sind, übernehmen sie diese Arbeit. Die Königin legt dann nur noch Eier und wird versorgt. Im Verlauf des Sommers wird der Wespenstaat so immer größer.
5. Wenn im Herbst die Nahrung knapp wird, sterben alle Wespen. Nur die Weibchen, die von einem Männchen begattet wurden, überleben als zukünftige Königin den Winter an einem geschützten Ort.

Literaturangaben für Schülerinnen und Schüler

Die folgenden Nachschlagewerke (Genaue Angaben vgl. S. 111) sind für die selbstständige Erarbeitung der Kinder hilfreich. Sie enthalten meist ausführliche Texte oder Kurztexte, Steckbriefe, Fotos oder Bilder der Tiere in Aktion, in der Verwandlung oder in ihrem Lebensraum.

Buch	Mücke	Wespe
Mein Kosmos-Buch Natur	S. 149	S. 155
Der große Ravensburger Naturführer	S. 38, 41, 47 56/57	S. 36, 39, 52, 61, 138
Der Kinder Brockhaus	S. 22	S. 23
Ravensburger Tierlexikon von A-Z	S. 180	S. 310
Bertelsmann Kinder Tierlexikon	S. 214	S. 195, S. 209

Literatur für Lehrerinnen und Lehrer

KATTMANN, ULRICH: Elfen, Gaukler & Ritter. Insekten zum Kennenlernen. Seelze-Velber: Kallmeyer 2001.

Herbst und Winter – Überwinterung

An den Wechsel der Jahreszeiten haben sich die einheimischen Tiere in unterschiedlicher Weise angepasst. Bei der Überwinterung gibt es Winterschläfer (z. B. Igel, Haselmaus, Feldhamster), Winterruher (z. B. Eichhörnchen, Dachs), winterstarre Tiere (z. B. Kröte, Frosch, Eidechse, Schnecke) und winteraktive Tiere (z. B. Hase, Reh, Fuchs).

Winterschläfer: Igel

Igel sind nacht- und dämmerungsaktive Tiere, die den Tag über in ihren Verstecken verbringen. Von Sommer bis Herbst müssen sie sich ein Fettpolster anfressen und ein Gewicht von mindestens 700 bis 800 Gramm erreichen. Sobald die Frostperiode einsetzt, verkriechen sie sich in einen trockenen und sicheren Unterschlupf zum Überwintern. Während des Winterschlafs verringert sich die Anzahl ihrer Herzschläge von etwa 190 auf nur 15 bis 20 pro Minute. Auch die Anzahl der Atemzüge nimmt von 50 auf 5 bis 8 pro Minute ab. Die Körpertemperatur sinkt von 34 auf 6 Grad. Ihre Fettreserven nehmen in dieser Zeit ständig bis zu einem Drittel ihres Körpergewichts ab. Von den spät geborenen Igeln läuft häufig im Oktober/November noch eine nicht geringe Anzahl mit einem Untergewicht von weit unter 600 Gramm herum. Sie können ohne Hilfe des Menschen den langen Winter nicht überleben.

Anregungen:

• Sich bei einem Tierschutzverein, einer Igelberatungsstelle oder einem Schulbiologiezentrum informieren

• Für einen ausgehungerten Igel ein bis zwei Futterplätze einrichten, damit der Igel sie bald kennen lernt. Geeignet sind z. B. Igelfutter und Katzenfutter aus Zoogeschäften.

• Ein Igelunterschlupf kann im Zoogeschäft gekauft oder mit einer stabilen umgedrehten Obstkiste selbst hergestellt werden. Gegen Regen wird die Kiste mit einer Plastikplane überdeckt und mit einem Mauerstein beschwert. Die Kiste wird dann mit Gesträuch und Laub abgedeckt. Zur Auspolsterung des Innenraums haben Igel Stroh und Heu gern.

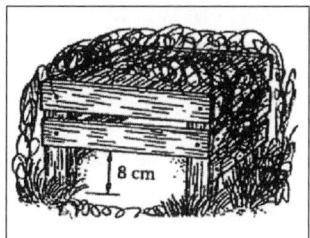

Kinderbuch: Der Igel. (Meine erste Tier-Bibliothek) Esslingen: Esslinger Verlag Schreiber 2003.

Winterruher: Eichhörnchen

Das Eichhörnchen verbringt die kalte Jahreszeit im Zustand der Winterruhe in seinem Kobel hoch im Baum. Der Kobel ist ein Nest aus Reisig, Laub und Moos. Sein Herzschlag und die Atmung sind während der Winterruhe leicht verringert.

Wenn das Eichhörnchen hungrig ist, erwacht es und sucht die im Sommer und Herbst vergrabenen und in Astgabeln versteckten Nüsse, Eicheln, Kastanien, Samen aus Nadelbaumzapfen und Pilze. Wenn es gefressen hat, klettert es zurück in seinen Kobel und schläft weiter.

Anregungen:

• Eichhörnchenspuren im Schnee nachgehen

• Fraßspuren von Eichhörnchen entdecken, z. B. abgenagte Nadelbaumzapfen, aufgemeißelte und angenagte Nussschalen

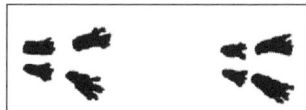

• Kobel von Eichhörnchen in Bäumen entdecken

Kinderbuch: Das Eichhörnchen. (Meine erste Tierbibliothek) Esslingen: Esslinger Verlag Schreiber 2003.

Winterstarre: Froschlurche (Frösche und Erdkröten)

Wie die Schnecken sind die Erdkröten und Frösche wechselwarme Tiere, die bei Temperaturen unter dem Gefrierpunkt in die Winterstarre fallen. Um dem Kältetod zu entgehen, suchen sie im Herbst frostgeschützte Orte auf. Frösche graben sich meist im Schlamm am Grunde von Gewässern ein, Kröten überwintern unter Holzstößen und Steinplatten. Im Frühling wandern die Kröten und Frösche zu ihren Laichgewässern, wo sie sich paaren und sich vom Ei über die Kaulquappe zur Kröte und zum Frosch entwickeln.

Vögel im Winter: Zugvögel, Standvögel, Teilzieher/Strichvögel

Zugvögel: Bei ihnen ist der Zugtrieb angeboren. Durch eine „innere Uhr" bekommen sie rechtzeitig vor Winterbeginn den Antrieb zum Flug in die Winterquartiere, die bis Südafrika reichen. Die meisten einheimischen Insektenfresser und die Störche gehören zu ihnen.

Standvögel: Sie haben ein dichteres Gefieder und eine wärmeisolierende Fettschicht unter der Haut, müssen aber zur Aufrechterhaltung ihres Stoffumsatzes genügend Nahrung aufnehmen. Sie ernähren sich jetzt vorwiegend von Früchten und Samen, teilweise auch von Insekten in der Winterstarre. In strengen Wintern verhungern und erfrieren viele Singvögel.

Teilzieher/Strichvögel: Sie sind zwar auch an die winterliche Umwelt angepasst, weichen aber in weniger kalte und verschneite Gebiete aus und ziehen hin und her, ohne ganz in den Süden wegzuziehen.

Anregungen:
* Aus Nachschlagewerken und Bestimmungsbüchern Vogelbilder und Namen heraussuchen und sie den drei Vogelgruppen zuordnen.
* Mit Hilfe von Nachschlagewerken (z. B. „Die Tiere unserer Heimat" S. 96/97) den Standort der Winterquartiere von Zugvögeln feststellen.
* Über die Winterfütterung von Standvögeln Informationen einholen.
* Ein Poster über Vögel am Futterhäuschen besorgen, ihre Namen mit Hilfe von Nachschlagewerken feststellen und beobachten, welche Vögel häufig an eigenen Winterfütterungen teilnehmen.

Kinderbücher
FISCHER-NAGEL, HEIDEROSE UND ANDREAS: Das Storchenjahr. Luzern: Kinderbuchverlag 1989, 4. Aufl. 1989.
LUCHT, IRMGARD: Die Vogel-Uhr. Das Jahr der Vögel. Hamburg: Ellermann 1976, Ausgabe 2003.

Literatur: Nachschlagewerke, Fachliteratur

Die spezielle Literatur zu den Themen der Kapitel ist am Ende der Kapitel zu finden.

Nachschlagewerke

Bertelsmann Kinder Tierlexikon. Von Hans Peter Thiel. Gütersloh/München: Wissen Media Verlag 2002.

Bildatlas der Tiere: Entdecken, vergleichen, Wissen erweitern. Barbara Taylor; Kenneth Lilly (Illustration). München: Ars-Edition 1992.

Bildatlas der Welt: Entdecken, vergleichen, Wissen erweitern. Text: Richard Kemp. München: Ars-Edition 1991.

Das visuelle Lexikon der Pflanzen und Tiere. Gerstenbergs visuelle Enzyklopädie. Hildesheim: Gerstenberg 1999.

Der große Ravensburger Naturführer. Ravensburger Buchverlag Otto Maier 2001.

Der Kinderbrockhaus: Tiere. Mannheim: Bibliographisches Institut & F.A. Brockhaus 2003.

OFTRING, BÄRBEL: Mein Kosmos-Buch Natur. Die 150 wichtigsten einheimischen Tiere und Pflanzen. Stuttgart: Franckh-Kosmos Verlag 2003.

POTT, ECKART: Das große Ravensburger Tierlexikon von A–Z. Ravensburger Buchverlag Otto Maier 1993, erweit. und aktual. Aufl. 2002.

STEINBACH, GUNTER (Hrsg.): Die Tiere unserer Heimat. München: ADAC Verlag 1999.

STURM, HELMUT: Tiere leicht bestimmt. Bestimmungsbuch einheimischer Tiere, ihrer Spuren und Stimmen. Bonn: Dümmlers Verlag 3. Aufl. 1998.

Fachliteratur

GEBAUER, MICHAEL u. a.: Rund ums Tier, MATERIAL. In: Die Grundschulzeitschrift, 15. Jg., Heft 145, Juni 2001, S. 23–38.

GEBAUER, MICHAEL/SCHRENK, MARCUS: Kinder brauchen Tiere. In: Die Grundschulzeitschrift, 15. Jg., Heft 145, Juni 2001, S. 8–13.

ILSEMANN-SCHÜTZ, GLORIA: Rechtliche Fragen zur Tierhaltung in der Schule (Niedersachsen). Hannover: Schulbiologiezentrum 2001 (Informationsheft Nr. 14.5).

JÄCKEL, LISSY/SCHRENK, MARCUS: Die Sache lebt. Biologische Grundlagen im Jahreslauf. Baltmannsweiler: Schneider Verlag Hohengehren 2001.

JEDICKE, ECKHARD (Hrsg.): Die roten Listen. Gefährdete Pflanzen, Tiere, Pflanzengesellschaften und Biotoptypen in Bund und Ländern. Stuttgart: Ulmer 1997 (Buch mit CD-ROM).
Lebenswelt Tiere an Land, im Wasser und in der Luft. Materialien für den Sachunterricht. Seelze-Velber: Kallmeyersche Verlagsbuchhandlung o.J.
Lebenswelt Tiere in Haus, Zoo und Park. Materialien für den Sachunterricht. Seelze-Velber: Kallmeyersche Verlagsbuchhandlung o.J.
Tiere beobachten, vergleichen, pflegen. Themenheft und Materialpaket Grundschule Sachunterricht, Heft 12, November 2001, Seelze-Velber: Kallmeyer Verlag.

Quellennachweis

29 Aus: Eckart Pott, RAVENSBURGER TIERLEXIKON VON A–Z, 1993 by Ravensburger Buchverlag Otto Maier GmbH, Ravensburg
30 Aus: Ulrich Kattmann, Elfen, Gaukler und Ritter, 2001 Kallmeyersche Verlagsbuchhandlung GmbH, Seelze-Velber
31 Aus: Die Tiere unserer Heimat, Hrsg. Gunter Steinbach, ADAC-Verlag München 1999, S. 162
34/35 © Walter Schön, Saulgau
51 Aus: John Seymour, Leben auf dem Lande, Urania Verlag, Stuttgart 2002, S. 94
53 Aus: Tiere an Land, im Wasser und in der Luft, 1999 Kallmeyersche Verlagsbuchhandlung GmbH, Seelze-Velber